바다의 발견

좋은 책을 만드는 이소노미아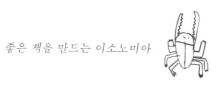

바다의 발견

김영춘의 해양국가 이야기

김영춘 지음

이소노미아

바다를 생각하는 사람들을 위하여

책 머리에

재작년 〈고통에 대하여〉가 나온 지 얼마 안됐는데 또 책 한 권을 내게 되었다. 내가 사랑하는 주제에 대해 열정을 갖고 쓴 책이라 힘든 줄도 몰랐다. 시간 여유가 생긴 덕분이니 인생은 늘 잃는 것만은 아니라는 걸 새삼 깨닫는다. 이 책은 '바다 이야기'가 주제다. 해수부 장관으로 일하면서 겪고 공부한 일들, 또 우리나라 바다는 물론이고 전 세계의 바닷가를 다니면서 보고 느낀 일들을 모아 보았다. 이제 나도 웬만해서는 정착할 나이가 되었건만 나는 여전히 길 위에 있다. 그래서 아직도 한 과정을 끝내면 이렇게 매듭짓는 행위를 하고서는 또 다른 항해를 준비하는 것이다.

책 쓰기에 대한 열정과 상상력을 북돋아 주고 독려하는 편집인 정우성에게 이 자리를 빌어 감사하고 싶다. 하지만 무엇보다 고마운 사람은 오랜 시간 수많은 마음 고생에도 불구하고 지금껏 노마드 유목민 같았던 내 인생의 여정을 함께 동무해 준 아내 연옥이다. 조금 쑥스럽지만 정말 미안하고 고맙다는 말을 꼭 전하고 싶다. 그리고 내 지난 공적 생활을 가능케 도와주셨던 많은 분께도 진심으로 감사를 표한다. 이 책은 지금도 이 나라를 사랑하고 걱정하시는 그분들과 함께 쓴 대한민국과 바다에 대한 이야기이다.

목차

1

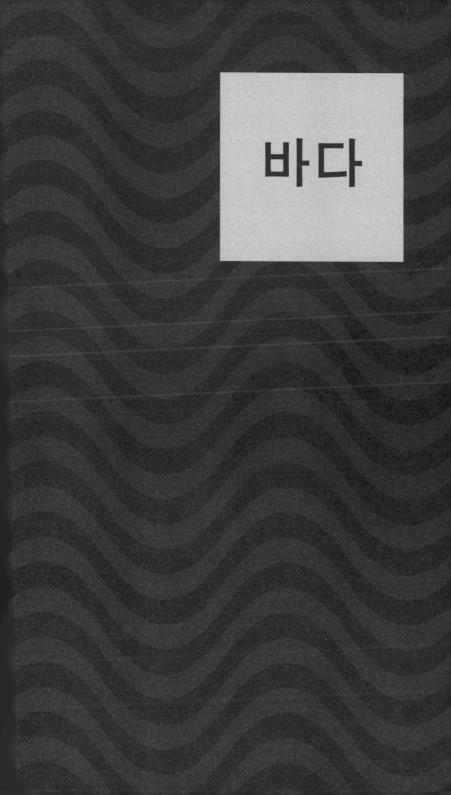

바다

어린 시절의

바다

나는 부산 초량의 부산역과 부산진역 사이 군인 관사 촌에서 태어났다. 돌아가신 선친이 당시 군수기지사령부 소속의 직업군인이셨기 때문이다. 철도 관사와 함께 있었다는데 지금은 철거되어 흔적도 없다. 초등학교 입학 전부터 시내 한복판인 서면 부근에서 살았기 때문에 바다와는 동떨어진 성장기를 보냈다. 내 어린 시절의 바다는 단연 여름철의 해수욕장이었다. 1년에 한 번쯤은 온 가족이 광안리나 송정으로 해수욕을 갔다. 때로 다대포를 갔던 기억도 있다. 그때도 외지 관광객까지 몰려드는 해운대는 너무 사람이 많고 물가도 비싸 어른들이 기피했던 것 같다. 해수욕이라고 해봐야 백사장이나 바다는 수십만 명의 인파로 발 디딜 틈 없이 빽빽해 제대로 뛰어놀 수도 없는 지경이었지만 그래도 어린아이로서는 그 바다소풍이 마냥 즐겁기만 했다.

내가 다닌 성지초등학교는 동해남부선 열차의 기점인 부전역에 인접해 있었다. 그래서 초등학교 5, 6학년 무렵 친구들과 개구멍을 통한 무임승차로 해운대까지 갔던 기억도 있다. 역무원들에게 잡히면 몇 시간씩 풀뽑기나 벌서기를 감내해야 했다. 그래도 그 위험을 통과하면 해운대 바다가 우리를 기다리니 두근거리는 마음으로 도전하지 않을 수 없었다. 백사장에 도착하면 모래 속에 옷을 묻어두고 바다로 뛰어들었다. 하지만 그 바다에서 수영을 제대로 배우지는 못했다. 우선 바다에 사람들이 너무 많았다. 조금 물장구치며 눈 감고 헤엄치는 시늉이라도 할라치면 부딪치는 어른들의 꿀밤이 날아왔다. 그렇다고 어린 초보가 무인지경의 먼 바다로 나가서 놀 수도 없었고… 그나마 내 초보적인 수영실력은 중학교 때 생긴 성지곡의 학생문화회관 수영장에서 길러진 것이다. 겨우 몇십 미터 갈까 말까 수준이었지만.

내게도 질풍노도의 사춘기가 있었다. 그 시절 지금도 잊을 수 없는 바다를 만났다. 고등학교 1학년 때 찾은 거센 바람에 격랑치는 태종대 바다였다. 아버지와의 불화, 그리고 입시지옥같던 학교생활을 간신히 견뎌내고 있던 중에 태풍주의보를 들었다. 그 방송을 듣는 순간, 나는 갑자기 성난 바다가 보고 싶어졌다. 버스로 1시간 30분이나 걸리는 태종대를 혼자서 찾아갔다. 통제 때문에 자갈마당까지 내려가지는 못하고 그 위 '곤포의 집'에서 한참을 내려다본 태풍의 바다,

내가 그 전에 보았던 해수욕장의 평온한 바다와는 차원이 다른, 거칠게 포효하는 바다였다. 똑같은 바다가 이렇게 달라질 수 있구나, 세상과 인생이 다 이런 것이겠구나, 나는 그날 오후 내내 가슴을 채웠던 스트레스를 확 풀어버리면서 소박한 깨달음의 시간을 만끽했다.

서울로 대학을 간 후 20대 청년 시절의 부산 바다는 그야말로 향수의 바다였다. 바다가 보고 싶고 그 냄새가 그리워질 때가 있다. 서울에서 가까운 바다를 찾노라면 가장 쉽게 찾을 수 있는 곳이 인천 연안부두나 월미도였다. 가난한 청년들이 수도권 전철을 타고 1시간 이내에 갈 수 있는 곳이었다. 하지만 그 서해 바다는 비슷한 항구 도시의 바다라도 동해와 남해의 경계선에 있는 부산과는 사뭇 다른 바다였다. 우선 색깔이 다르고 냄새가 달랐다. 그래서 부산의 바다가 못내 그리웠다. 방학이나 명절에 고향에 가면 친구들과 자연스럽게 횟집이 밀집한 광안리 등의 바닷가를 찾았다. 젊은 청년들은 백사장에서 2차, 3차를 하다 술김에 결국 바닷물에 뛰어들었다. 한 사람씩 집어던지기를 하기도 했다. 겨울에도 그랬다.

지금도 그 바다가, 그 청춘의 시간이 그립다.

용호도

와

비진도

내 외갓집은 통영이다. 그중에서도 이순신 장군의 제승당이 있는 한산도에서 1km 떨어진 작은 부속섬 용호도다. 예전에는 용초도라 불렸는데 근래 이름이 용호도라 바뀌었다. 어머니는 이 섬에서 자라시면서 수영과 물질을 조그만 아이 때부터 배웠다고 하셨다. 이런 이야기는 바닷가에서 자란 사람들이 흔히 하는 소리다. 돌아가신 김영삼 전 대통령도 거제도 장목면 해변 출신인데 자신은 늘 걸음마보다 헤엄치기를 먼저 배웠노라고 큰소리를 치셨다. 내가 어릴 때 갔던 용초도는 모기가 너무 많아서 무서운 섬이었다. 하룻밤 모기장을 허술하게 치고 자면 팔다리에 수백 군데 모기 문 자국이 나서 성한 곳이 없을 정도였다. 이 섬에는 용초마을과 호두마을의 두 마을이 있고 초등학교도 있었다. 우리 어머니가 운동회 때 너무 잘 뛰어서 온 동네에 호가 났다고 늘 자랑을 하셨던 학교다. 내가 초등학교 운동회 때 우리 반 릴레이 선수였는데 어머니는 그게 다 당신을 닮았기 때문이라고 주장하셨다. 우리 외갓집은 용초마을이었다.

언젠가 내가 초등학생 때 동생과 함께 용초에 갔을 때 이야기다. 1970년대 초반쯤이었을 것이다. 친척

형님, 아재들이 대접해 준다고 고깃배를 몰고 낚시를 나갔다. 한산도와 용호도 사이 쯤에서 줄낚시, 대낚시를 했는데 쥐고기가 올라오면 반가워하지 않고 버리거나 바로 회를 떠서 우리에게 맛을 보였다. 된장 양념만으로 먹는데 어린 입맛에 식감이 너무 쫄깃쫄깃했던 기억이 난다. 지금은 남획 탓에 쥐고기가 귀한 생선이 되고 말았으니 격세지감이다. 비싼 고기인 돔 종류가 잡힐 때가 있다. 하지만 이것들은 감히 우리의 횟감이 될 수 없었다. 신주 받들듯이 고이 한편에 모셔진다. 이놈들은 귀갓길에 고스란히 주변의 가두리에 팔렸다. 그 생선들은 국내 소비용이 아니라 일본 수출용이어서 당시 우리 경제 수준에서는 먹을 엄두를 못냈던 놈들이다. 그러니 아마 초등학교 고학년, 중학생쯤이었을 형님들에겐 꽤 짭짤한 용돈벌이였을 것이다.

용호도에서 바로 지척 외해 쪽에 비진도가 있다. 이 섬의 규모는 용호도와 비슷하게 작지만 일찍이 은모래 백사장을 가진 섬으로 유명해져서 1970년대부터 여름 관광객이 많은 곳이다. 나는 이곳을 몇 년 전 두 번 다녀왔다. 통영에서 완행 여객선으로 30분 거리인

데 그야말로 작고 예쁜 섬이다. 여기도 두 개의 마을이 있다. 북쪽의 내항항이 어항인 셈이고 남쪽의 외항항은 백사장이 있는 관광지다. 완행 여객선은 남섬과 북섬에 모두 기항하는데 보통 관광객들은 외항에 내려 남섬의 선유봉을 한 바퀴 도는 트래킹을 한다. 그다지 험하지도 않고 푸른 남해 바다를 조망하며 걸을 수 있는 오붓한 길이다. 두 시간이면 족한 코스이기도 하다. 중간 전망대 쯤 자리를 깔고 선선한 해풍을 맞으며 통영 여객터미널에서 사온 '충무김밥'으로 요기하면 더욱 좋다.

나는 두 번 다 내항에 내려 외항으로 넘어가는 고갯길을 걸었다. 그 고갯마루에서 내려다 보이는 비진도 백사장의 풍경이 천하일품이다. 남섬과 북섬이 작은 산봉우리를 중심으로 각각 오붓하게 솟아 있다. 그 가운데를 은빛 모래사장이 연결하는 형상이다. 오죽하면 섬 이름에 보배 진珍자를 썼겠는가? 외항 마을에는 펜션도 여러 곳이 있고 식당도 있다. 그 식당 한 곳에서 먹었던 해물라면 맛이 기가 막혀 그것 때문에라도 다시 찾고 싶은 섬이다. 다만 화려한 구경거리를 찾는 기호라면 실망할 수 있을지도 모르겠다.

이곳은 그냥 조용히 걷고 낚시하면서 시간을 보낼 수 있는 힐링의 섬이다. 그런데 이런 섬들이 우리나라에는 참 많이 있다.

해안선

    일주

        자전거 여행

2008년 5월말, 나는 전국 일주 자전거 여행을 떠났다. 서울에서 출발하여 서해, 제주도, 남해, 동해를 거쳐 다시 서울로 돌아오는 한 달 예정의 해안선 일주 여행이었다. 당시 막 치른 총선에 불출마했고, 내 국회의원 임기도 끝났으므로 시작한 도전이었다. 원래는 홍은택의 〈아메리카 자전거여행〉을 읽고 미국 대륙 횡단을 생각해 봤다. 3달이나 걸리는 시간도 부담되었지만 내 나라도 안 다녀본 주제에, 하는 마음으로 생각을 바꾼 여정이었다. 여의도에서 출발하여 한강을 따라 하류로 내려가 인천에서부터 해안선을 달리기 시작했다.

29일 동안의 전국 일주 기간 중 돌아오는 길 속초~서울간을 제외한 거의 25일은 해안선을 따라 달렸다. 내 인생에서 대한민국의 다양한 바다를 가장 가까이에서, 가장 오래 볼 수 있었던 소중한 시간이었다. 가장 아름다운 바다는 제주도 1132번 일주도로를 달리다 애월읍 한담공원에서 내려다본 애월 앞바다였다. 그리고 행원~김녕의 해안도로에서 얕은 바다와 함께 달린 해변의 풍경이었다. 경남 고성의 공룡박물관에서 통영으로 가는 1010번 지방도로의 언덕 위에서 바라본, 점점이 떠 있는 작은 섬들과 어울린 바다 풍경도 잊을 수 없는 '인생 장면'이었다. 나는 도저히 그 바다를 그냥 지나칠 수 없어 자전거에서 내렸다. 너무 좋아서 눈물이 날 것 같다는 기분이 이런 것이었구나 싶었다.

여행 중 배는 두 번을 탔다. 한 번은 서해안 코스가 끝나고 남해로 접어든 후 완도항에서 제주항까지 왕복으로 배를 이용했다. 오토바이는 운임을 받지만 자전거는 무임승차였는데 요즘은 달라져서 3천 원인가를 받는다고 한다. 3시간여의 항해 시간 중에 객실 의자에 앉아 그동안 자전거를 달리느라 쌓인 노독을 푸는 꿀맛 같은 낮잠을 즐길 수 있었다. 또 한 번은 거제도에 들어갔다가 다시 통영으로 나오는 길이 너무 도는 길이라 고현항에서 바로 부산항으로 직행하는 여객선을 탔다. 1시간도 안 걸리는 뱃길이었는데 아쉽게도 2010년 거가대교가 개통된 후 이 여객선들은 다 없어져버렸다. 그런데 자전거는 거가대교를 탈 수 없으니…

자전거 여행길에서 만난 반가운 청년들이 있었다. 완

도에서 제주로 향하는 배 안에서 만난 20대의 대전 청년 김호민은 군 입대를 앞두고 우리와 비슷한 코스로 전국 일주 자전거 여행에 나섰다고 했다. 혼자서 하는 여행인데도 씩씩하고 구김살이 없어 대견하기도 하고 그 청춘이 부러웠던 기억이 난다. 잘 살고 있으리라 믿는다. 나중 제주에서 돌아와 순천에서는 거꾸로 막 군에서 제대한 기념으로 자전거 전국여행에 나섰다는 또다른 대전 청년 강화평을 만났다. 그도 참 씩씩했다. 복학을 앞두고 보름이라는 짧은 시간 동안 전국 일주를 하기 위해 하루에 2~3시간 비박을 하면서 밤에도 달리고 있었다. 강화평은 지금 대전에서 지방의원으로 열심히 일하고 있다.

부산 광안리 해안도로에서는 서울에서 자전거로 달려온 세 명의 청년을 만난 적이 있다. 군대 훈련소 동기들인데 각기 다른 부대에 근무하다가 제대 나흘 만에 다시 만나 전국 일주 여행에 나섰다고 한다. 제주도에서는 함께 오토바이 앞뒤에 다정하게 타고 전국을 누비며 신혼여행 중인 젊은 부부를 만나기도 했다. 섬을 한 바퀴 도는 이틀 동안 여러 번 마주칠 때마다 격려의 싸인을 보내준 친구들이었다. 이런 아름다운 청년들이 있기에 우리나라의 미래가 밝다고까지 생각하게 만든 '길 위의 만남들'이다. 그 친구들 모두 잘 살고 있으리라 믿는다.

요즘은 그때보다 자전거 여행을 즐기는 사람들이 훨씬 많아졌다. 그런데 가만히 보면 한강, 낙동강 등 4대강을 따라 만든 자전거길을 많이 다니는 것 같다. 그런 길도 좋겠지만 해안도로를 따라 가는 여행도 꼭 추천하고 싶다. 생업이 있다면 한꺼번에 전국 일주는 어렵겠지만 서해안, 남해안, 동해안, 제주도 등 허용된 시간에 맞게 구간 구간 달려보면 좋겠다. 다만 한 가지, 우리나라는 산악국가이다. 해안 도로들은 바다로 떨어지는 산고개를 넘어야 하는 곳이 많다. 그래서 강변 자전거길을 달리는 것보다 훨씬 운동이 많이 된다는 것은 각오해야 한다. 고진감래! 고개를 오르며 땀을 많이 흘리는 만큼 고갯마루를 내려갈 때의 쾌감은 훨씬 커진다는 것을 우리가 잘 알고 있지 않은가.

귀양살이의

　　　　　바

　　　　　　　다

200여 년 전에 씌여진 〈자산어보〉라는 책을 보고 경탄한 적이 있다. 이 책은 조선의 한 선비가 서해의 외딴 섬 흑산도에서 오랜 세월 유배생활을 하며 우리 바다의 각종 해산물들을 관찰하고 상세히 묘사한 보기 드문 박물기이다. 과거 조선시대에서는 글을 읽고 쓸 수 있는 사람들의 능력이 주로 추상적이고 형이상학적인 담론을 다루는 데 쓰였다. 그런데 이 절해고도에서 유생의 문재文才가 비로소 실용적인 데 사용된 것이다. 자연과학의 발달이 서양의 기술문명을 융성시켰다. 그런 역사로부터 소외된 나머지 우리나라가 식민지의 굴욕과 분단, 동족상잔의 비극까지 겪게 되었다고 생각하니 자산어보의 가치가 더욱 돋보인다. 이 흑산도는 조선 말엽 면암 최익현 선생이 유배를 와 서당에서 학동들을 가르친 곳이기도 하다.

저자인 정약전은 다산 정약용의 둘째 형이다. 천주교를 믿었다는 죄목으로 바로 밑의 동생 정약종은 사형을 당했다. 자신은 서해 끝의 외딴 섬 흑산도로 유배형에 처해졌고, 동생 정약용은 강진에서 오랜 유배생활을 했다. 정약전은 귀양살이 16년 만에 우이도에서 사망했다. 그곳은 그래도 흑산도보다는 육지에 더 가까운 섬이었다. 강진에 있는 동생 정약용이 유배가 풀렸을 때 자신을 만나러 올 것을 생각해서 큰 바다를 건너오게 할 수 없으니 좀 더 육지 쪽으로 거소를 옮겼다고 한다. 지도를 보면 왜 그런 생각을 했는지 이해가 된다. 두 형제의 우애가 그렇게 각별했던 것이다. 하지만 형제는 끝내 다시 만나지 못했다. 정약전이 죽은 지 2년 후인 1818년에야 정약용의 유배가 풀렸기 때문이었다. 2021년 이준익 감독은 정약전과 〈자산어보〉의 공저자 격인 어부 장창대의 파란만장한 이야기를 흑백영화로 만들었다. 장창대의 이야기는 가공의 설정이 많이 가미되었다. 설경구가 정약전 역을 맡고 변요한이 정창대 역을 맡았다.

나는 정약전의 바다, 그리고 그 바다를 멀리서 바라본 정약용의 바다, 그 귀양살이의 바다를 생각했다. 정약용이 귀양 생활을 했던 전남 강진의 다산초당은 멀리 강진만의 바다가 내려다보이는 산 속에 있다. 정약용이 실학을 집대성하고 많은 저서를 후세에 남길 수 있었던 것이 이 오랜 바닷가 유배지 생활로 인한 일이었다. 개인의 불행이 세상에는 행운이 될 수도 있다는 역설의 한 사례인 셈이다.

추사 김정희의 귀양살이도 그렇다. 그는 당파싸움의 희생양으로 흑산도보다 더 먼 제주도로 유배되었다. 제주 대정현에서 9년간 귀양살이를 하며 세한도 등 불후의 걸작을 남기고 추사체를 완성했다. 이도 역시 그를 세상 끝 제주도 남쪽으로 귀양 보낸 권력자들이 예상치 못했던 결과일 것이다. 지금 그 대정에 가면 추사 유배지로부터 멀지 않은 곳에 정난주 마리아의 묘가 있다. 천주교에서 가꾸어 놓은 작은 성지이다. 정난주는 정약용의 조카딸로 1801년 신유박해로 순교한 황사영의 아내이다. 그 자신도 관비의 신분으로 격하되어 제주도로 보내졌는데 돌을 갓 지난 아들과 함께였다. 그 어린아기마저 추자도에 유배형이 내려졌으므로 중간에 생이별을 하고 말았다. 혼자 떠나는 뱃길이 얼마나 가슴 찢어지는 이별의 순간이었을까 차마 상상이 가질 않는다. 그녀는 제주도에서 관비로 살아가다 1838년 병으로 사망했다.

남해도 남해읍에는 유배문학관이 들어서 있다. 이 섬 역시 단골 유배지였던 것 같다. 〈구운몽〉으로 유명한 김만중을 비롯, 고려와 조선시대를 합쳐 180여 명의 유배객이 다녀갔다니 말이다. 조선시대의 유배형 중

에 절도안치絶島安置는 중죄인에게 내려진 벌이었는데
제주도, 흑산도 등이 그 대상이었다고 한다. 거제도,
진도 등도 많은 유배객이 다녀간 섬이었다. 지금 기
준에서 보면 당파싸움 등 터무니없는 일들로 장기 유
배형이 남발되었는데 그 덕분에 우리의 정신문화 자
산이 훨씬 더 풍부해졌으니 쓸쓸하고도 감사한 일이
아닐 수 없다.

울릉도

와

독도

독도 방문, 해수부 장관 재직시 몇 번이고 벼르다 실패했다. 당시는 시간이 많지 않으니 강릉에서 해경 헬기를 타고 독도에 들어가는 당일치기 일정으로 여러 차례 시도했는데 그때마다 당일 날 바람이 많이 불어 헬기가 못 뜬다는 보고를 받았다. 한 번은 외교부에서 정상회담 가능성 등 외교 일정상 시기가 좋지 않다는 반대의견을 냈던 적도 있었다. 독도에 입도하기 위해서는 장관이라도 울릉군청에 사전 입도 신청서를 제출해야 하는데 나중에 만난 울릉군수가 횟수를 정확히 말해 주어 4번 신청한 것을 알게 되었다. 결국 민간인이 돼서야 갈 수 있었다. 울릉도는 내 아내의 가고 싶은 여행지 버킷리스트 중 한 곳이어서 함께 길을 나섰다.

2021년 6월 하순의 어느 날 오후, 우리 부부는 경북 울진의 후포항에서 씨플라워 호를 탔다. 울릉도 사동항까지 약 160km 거리를 2시간 30분에 달리는 쾌속선이었다. 부산에서는 포항이 제일 가깝지만 배멀미를 걱정하는 아내 때문에 차로 좀 더 북상해서 최단거리 배편이 있는 후포항까지 간 것이다. 차를 그곳 주차장에 세워뒀으니 돌아올 때도 꼼짝없이 원점 회귀를 해야 한다. 다행히 파도가 잔잔해 우리 배는 마치 호수 위를 달리는 것처럼 요동없이 나아갔다. 숙소 때문에 검색도 많이 해보고 고민한 끝에, 렌트카를 빌려 사동항 터미널과는 한참 떨어져 있지만 조용하고 경관 좋은 산 위의 라페루즈 리조트에 묵기로 했다.

울릉도에는 생각보다 많은 인구가 거주한다. 과거보다는 많이 줄었으나 지금도 9,000명 남짓의 주민이 산다. 그런 큰 섬 울릉도를 처음 가서 구경해 본 소감은 한마디로 우리나라가 아닌 머나먼 남태평양의 어떤 섬에 온 느낌이었다. 우선 울릉도 전체가 화산섬인지라 외관상의 풍경이 이색적인 데가 많았다. 성인봉(984m)과 나리분지도 그렇지만 최근 개통된 일주도로를 따라 둘러보거나 배로 섬 전체를 한 바퀴 돌아보면 더 그런 느낌이 든다. 해안 절벽의 기암 연봉이나 송곳봉 같은 곳의 기이한 경관은 꼭 영화 〈쥬라기공원〉의 무대였던 섬을 연상시킨다. 또한 오랜 세월 고립된 생태계였던만큼 울릉도에는 이곳만의 특이한 식생이 존재한다. 섬잣나무, 울릉국화 등이 대표적이다. 바다에도 도화새우(독도새우), 대황 등이 특산물이다.

이런 특수한 지역 해양생태 환경을 연구하고 해양자
원의 보존과 활용을 위해 해양수산부 산하 한국해양
과학기술원에서는 2014년부터 〈울릉도·독도 해양과
학기지〉를 운영하고 있다. 울릉도 현포리에 들어선
기지에는 관리직 포함 20명 미만의 직원들이 일하고
있다. 울릉도의 겨울철에는 눈이 많고 일도 거의 끊
어지므로 포항, 대구 등 육지로 나가 지내는 주민들
이 많다. 그런 동절기에조차 기지 대원들은 섬을 지
키면서 연구에 매진하고 있으니 고마울 따름이다. 기
지 대장 김윤배 박사는 석사 학위논문 주제를 동해
해류 연구로 잡은 인연에서 출발하여 20년 넘게 한
우물을 파고 있는데 연구기지 개소 때부터 계속 울릉
도에 상주하고 있는 의지의 한국인이다. 가히 울·독
지킴이라고 해도 과언이 아니다.

독도에는 아침 일찍 저동항에서 출발하는 여객선을
타고 다녀왔다. 87km, 1시간 30분 거리이다. 거리가
있고 왕복이니만큼 꽤 비싼 요금이었다. 독도까지 와
도 파도가 거세면 멀리 배 위에서 구경만 하고 돌아

가기도 한다는데 다행히 날씨가 좋아 독도에 상륙할 수 있었다. 약 40분간 머물며 동도, 서도의 이모저모를 보고 배우는 귀중한 시간을 가졌다. 우리 국민들이 많은 돈을 쓰고 이렇게 멀리까지 배를 타고 와서 독도를 보고 가는 것은 근본적으로 애국심의 발로일 것이다. 일본의 영유권 주장 때문에 더욱 귀한 몸인 우리 국토 독도를 직접 보고 온몸으로 느껴 보고자 하기 때문이다.

그동안 과학기지에서는 독도에만 100차례 넘게 입도 연구를 진행해 왔다. 그때마다 작은 어선을 빌려 타고 들어가는 등 어려움이 많았는데 이번에 45톤짜리 독도·울릉도 전용 연구선이 진수되었다. 관련 예산이 많이 부족한 실정이다. 예산 부처에서는 과학기지가 애초에 경북도와 울릉군청에서 자체 예산으로 운영한다는 약속을 하고 유치한 시설이니만큼 국비로 운영비까지 지원해 줄 수는 없다는 입장을 견지하고 있다. 틀린 말이 아니긴 한데 독도, 울릉도 연구는 사실 재정이 열악한 경북과 울릉군에만 맡길 일은 아니다. 지금도 우리 연구선이 독도 근해를 연구차 항해하면 일본 순시선이 막아서는 일들이 비일비재하다. 독도와 그 인근 해양의 연구는 우리 영토, 영해에 대한 주권 국가로서의 실질적인 지식과 정보를 쌓아가는 귀중한 국가자산이다. 그러므로 국비 지원이 마땅히 이루어져야 할 일이다. 독도는 상주한 경찰 병력과 군사력만으로 지켜지지 않는 우리 국토의 최전선이고 우리 국민의 마음이 담긴 곳이 아닌가. 예산 당국의 인식 전환이 참으로 요구되는 시점이다.

여수 앞바다

표

류

사건

해수부 장관으로서 맞은 첫 번째 여름, 나는 1주일간 휴가를 냈다. 그마저도 휴가원을 안내면 부하 직원들의 휴가 사용에도 부정적인 영향을 주기 때문에 내는 게 좋았다. 며칠은 휴가 상태에서 국무회의에도 참석하고 일을 했는데 계속 그럴 수는 없어 2박3일간 여수에서 진짜 휴가를 보냈다. 어차피 바닷가로 가야지 했는데 그렇다면 여수로 가 보고 싶었다. 일로는 가 봤지만 여유있게 머문 적이 없어 그 항구도시가 궁금했다. 내 친구 김정운의 초대도 계기가 됐다. 버스커 버스커의 히트곡 제목처럼 '여수밤바다'에서 한 잔 기울이는 낭만도 즐기고 싶었다.

대학 동기생인 김정운은 독일에서 심리학 박사학위를 받은 명지대 교수였다. 베스트셀러 작가여서 여기저기 특강도 많이 다니고 언론매체들에 고정 칼럼도 연재하는 등 화려한(?) 교수 생활을 하다가 어느 날 돌연 일본으로 떠나버렸다. 채우는 과정없이 몇 년을 계속 쏟아내기만 하다 보니 완전히 방전되어버린 느낌이어서 결행한 일이라 했다. 한 학기 안식년 휴직기간이 끝나고 연장 신청이 불허되자 그는 귀국하는 대신 미련없이 대학 교수직을 던져 버렸다. 그러고 나서 그가 선택한 일은 교토의 미술전문대학에 입학해서 일본화 공부를 하는 것이었다. 그 무렵 나는 고베에 갔던 길에 교토 외곽에 있는 그의 자취방을 찾아간 적이 있다. 그의 두 칸짜리 방에는 내가 보기엔 기괴한 그림들이 잔뜩 널려 있었다. 그곳에서 김정운은 서울에서보다는 훨씬 행복하다고 했다.

그가 4년 만에 일본에서 귀국한 후 자리잡은 곳이 바로 여수이다. 여수와는 아무 연고가 없는데 그냥 여수가 좋아서, 그곳에서 그림을 그리고 싶어서 집과 화실을 구했다고 했다. 물론 일본에서처럼 혼자서다. 어쩌다 서울 가서 강연도 하고 가족도 만난다. 그런 김정운이 연락을 해 왔다. "내가 여수에 좋은 요트를 마련해 놨으니 여름에 놀러 와라." 그 친구가 어찌 사는지도 궁금하던 차라 아내까지 모시고 가서 이틀을 보냈다. 여수에 도착하자마자 우리는 그의 요트(?)를 타러 갔다. 그때까지만 해도 추호의 의심도 없었다.

배는 국동항에 매어져 있었는데 선착장에 도착하는 순간 뭔가 수상한 낌새를 느꼈다. 어선들이 즐비한 선착장에서 앞장선 그가 길도 아닌 옹벽을 기어 내려가는 게 아닌가? 그러더니 줄 하나를 잡아당기는 데 저 멀리 20미터 쯤 떨어진 바다에 있던 조그만 잡배가 끌려왔다. 그 배는 요트는커녕 1톤도 채 안되는 폐선 직전의 고물배였던 것이다. 그것도 충북 어딘가의 내수면 호수에서 쓰던 순찰선 같은 것이 사용연한이 지나 처분된 것을 불과 몇백 만 원에 사온 것이다. 그런 배를 나한테 요트라고 뻥을 쳐서 초대를 하다니(ㅋㅋㅋ). 어쨌든지 우리는 출항을 했다. 돌산대교를 지나 여수 앞바다를 가로질렀다가 거북선대교 밑에서 돌아오는 코스에서 배는 보기와는 달리 잘 달렸다.

시원한 바닷바람을 만끽하며 짧은 항해를 하는 동안 나는 그의 '뻥초대'를 다 용서했다. 배값 만큼 돈 들여서 수리를 했다더니 괜찮네 하면서 말이다. 그런데 사고는 돌아오는 길 막바지에 일어났다. 운전을 하던 김정운이 당황한 표정으로 "어, 이상하네?"를 연발하는 것이다. 왜냐고 물으니 배의 키가 말을 안 듣는다는 것이다. 자동차로 치면 핸들 조작이 안 된다는 거다. 처음에는 장난치는 줄 알았는데 그게 아니라 진짜였다. 방향 조종이 안되니 그대로 가다가는 배가 됐든 육지기 됐든 무언가와 충돌할 수 밖에 없는 상황이었다. 계속 갈 수는 없는 형편이라 하는 수 없이 바다 한 가운데서 시동을 끄고 멈춰 섰다. 목적지에서 500미터 쯤 떨어진 해상에서 우리는 이 위기 상황을 어떻게 극복할 것인지 머리를 맞대고 상의했다.

이럴 경우 해양경찰에 조난신고를 하고 구조요청을 하는 것이 원칙이다. 가장 확실하고 안전한 대처였다. 하지만 그럴 경우 사고 접수가 되고 언론에까지 보도될 가능성이 있었다. "해양수산부 장관이 휴가 중 여수 앞바다에서 조난을 당하다"라고 뉴스가 나갈 경우 법률이나 규칙 위반은 없더라도 참 곤혹스러운 일이 될 것 같았다. 그다음 방법으로 해수부 조직인 여수지방해양수산청 청장에게 전화해서 조용히 관공선 한 척을 보내 예인을 시키도록 하는 것도 생각해 보았다. 여수청장은 내가 여수에 온 걸 알고 있었다. 그런데 이것은 관공선을 사적으로 동원하는 일이 될 것 같아 포기했다.

마지막 남는 방법은 해경에 구조 요청을 하되, 나만 빠지는 것이다. 어떻게? 나 혼자 저만치 보이는 육지까지 헤엄쳐 가는 것이다. 그러면 모든 문제가 다 해결되는데, 관건은 내가 500미터 이상 바다를 무사히 헤엄쳐 갈 수 있는가 하는 것이었다. 구명조끼를 입었다고는 하나 내 수영실력이 그렇게 훌륭하지도 않고 더욱이 파도치는 바다에서 한 번도 그렇게 먼 거리를 헤엄쳐 본 적도 없었다. 잘못하면 자살 행위가 될 가능성이 있었다. 나 하나 죽는 거는 그렇다고 치더라도 전말이 다 알려질 경우 자칫 국가적인 망신이 될 수도 있겠다 싶어 이 생각도 포기했다.

이렇게 고민을 거듭하고 있던 중, 한편에서 시동을 걸었다 껐다를 반복하며 궁리를 하던 정운이, "아, 이러면 되겠구나!" 하고 탄성을 질렀다. 시동을 끈 상태에서는 키 조작이 되니 시동을 걸어 약간의 속도가 나면 바로 시동을 끄고 키를 조작해 방향을 확보하는 것이다. 다행히 우리 배는 이렇게 껐다 켰다를 십여 차례 반복한 끝에 겨우 포구에 도착할 수 있었다. 나중에 되돌아보니 사실 이 방법은 위험한 선택이었다. 주변에 항해하는 선박이 없었기에 다행이지 만약 우리 배 방향으로 항해하는 선박이 있었다면 이쪽 상황을 상대가 전혀 모르는 상태에서 충돌사고가 발행

함 가능성도 있었기 때문이다. 하여튼 천만다행으로 무사히 귀환했던 것인데, 정운은 그 몇 달 뒤 자기가 연재하는 모 일간지 고정칼럼과 자기 책에 내 이름을 실명 거론하며 이 표류사고를 언급했다. 그래서 오늘 은 내가 복수를 하는거다. 똥배를 요트라고 속여 초 대한 것까지….

지금 김정운은 여수에서도 배를 타야 갈 수 있는 금 오도에 들어가 산다. 포구마을 끝에 있는 미역창고를 사서 자기 화실 겸 서재 겸 침실로 개조했다. 그 옆에 작은 객방을 달아냈다고 또 초대를 해서 2020년인가 에 가서 하룻밤 자고 왔다. 혼자서 금오도 비렁길을 한나절 걸어보기도 했다. 정운은 손님을 불러놓고서 는 손님이 혼자 둘레길 걷기에 나서는데 안내도 안 하는 싹수없는 녀석이다. 그래도 자유롭게, 멋있게 산다. 나는 그런 그의 자유가 마냥 부럽기만 하다.

천사의 섬,

신안

1

얼마 전 2021년 12월 어느 날, 박우량 신안군수에게서 전화가 왔다. 암태도의 작은 어항 생껌항에서 신안군 두 번째의 어촌뉴딜사업 준공식이 있으니 꼭 참석해 달라는 연락이다. 어촌뉴딜사업은 2018~2021년 4년 동안 선정된 300곳의 낙후된 연안과 도서지역 소규모 항포구를 대대적으로 개선, 정비하는 역사상 최초의 국가사업이다. 포구 한 곳당 평균 100억 원의 예산이 책정되었다. 그 첫 번째 준공식은 이미 2021년 4월에 흑산도 인근의 만재도에서 열렸다. 만재도는 신안군 뿐만 아니라 전국에서도 최초의 준공이라 현직 해양수산부 장관인 문성혁 장관이 참석했던 것인데, 이번 두 번째 준공식만큼은 사업의 창안 기획자이자 정부 내에서 어려운 정책결정을 이끌어 내 준 나를 꼭 초대하고 싶다는 간곡한 말씀이어서 응하지 않을 수 없었다.

사실 신안군은 어촌뉴딜사업에서 가장 많은 혜택을 받은 곳이다. 전체 사업지 300곳 중에서 14곳이나 선정되었기 때문이다. 섬이 압도적으로 많은 곳이라 어찌 보면 당연한 일일 수도 있지만, 박 군수님은 내게 정말 고맙다고 했다. 원래 지방정부 책임으로 관리되던 곳들이었으므로 이번에 중앙정부가 결단을 내려주지 않았다면 100년이 걸려도 못할 일이었다고, 이걸 덕분에 몇 년 만에 해낼 수 있게 됐다고 말했다. 작은 포구라 하더라도 방파제와 접안시설을 새로 건설하자면 적어도 50~60억 원 이상의 예산이 든다. 포구가 많은 가난한 해양 지자체로서는 시작할 엄두조차 못내는 경우가 많다. 또 이번에는 특별히 국비 지원 비율을 70%로 하는 파격적인 정책이라 지자체들이 너나없이 자부담을 무릅쓰고 선정 경쟁에 나선 것이었다.

전라남도 신안군은 우리나라에서 섬이 가장 많은 자치단체이다. 군청에서는 공칭 1004개의 섬이 있다고 하나 실은 그보다 더 많다. 초목이 자라지 않는 바위섬 따위를 제외해버리고 부르기 좋은 '천사 개의 섬'을 가진 신안으로 통칭한 것이다. 광역특별자치도인 제주도를 제외하더라도 우리나라에 섬만으로 이루어진 기초자치단체는 제법 있다. 다들 큰 섬 하나를 중심으로 그 부속 도서들로 이루어진 곳이다. 거제도, 남해도, 진도, 완도, 강화도, 울릉도 등이다. 그런데 엇비슷한 크기의 여러 섬들이 뭉쳐서 이루어진 자치단체는 신안군이 유일하다. 신안은 압해도와 지도 등 2개 읍과 흑산도, 하의도 등 12개의 면 이름이 붙은 큰 섬들을 중심으로 그 부속도서군과 함께 이루어져 있다. 이 중 사람이 거주하는 유인도는 72개이고 인구는 3만9천 명에 이른다(2020년). 타지 사람들은 보통 신안군 하면 천일염의 주산지 정도의 지식밖에 없다. 하지만 신안은 보통 수천 명씩 거주하는 큰 섬들에 비옥한 논밭이 많아 쌀과 마늘, 대파 등 농작물도 많이 생산하고 있다. 일제 강점기 때도 대지주들의 횡포에 그 유명한 암태도 소작쟁의가 일어났을 정도이니 작은 섬들이 아닌 게다. 당연히 어업보다 농업에 종사하는 인구가 훨씬 많다. 그렇다고 어업도 무시할 수 없다. 해안선이 길고 수역이 넓은 만큼 연안어업도 발달해 있다. 특히 신안산 김과 낙지가 유명하다.

12월 23일, 나는 부산에서 승용차편으로 출발해 목포, 압해도를 지나 '천사대교'를 건넜다. 2019년에 개통된 장장 10km가 넘는 다리 건너편이 암태도이다. 이 다리가 연결됨으로 해서 신안군은 비로소 하나의 생활권이 만들어지기 시작했다. 그 이전에는 소속 도서들이 대부분 목포와 직접 연결하는 것이 훨씬 빠르고 편리했기 때문에 하나의 지방자치단체로서 정체성이 희박했다. 암태도만 해도 과거에는 배로 목포에서 1시간 20분, 압해도 송공항에서 25분이 걸렸다. 그러던 것이 천사대교가 개통됨으로써 예전부터 다리로 연결되어 있던 암태도, 자은도, 팔금도, 안좌도 등이 군청이 있는 압해도와 연결되면서 모두 하나의 생활권으로 엮인 것이다. 가히 신안의 큰 섬 절반이 묶여졌다고 해도 과언이 아니다.

오후 2시 암태면 신석리 생낌항에서의 준공식. 내 축사 순서에 무대 단상에 올라서니 많은 사람들 때문에 잘 보이지 않았던 새 방파제가 한눈에 들어왔다. 길이 100미터, 폭 10미터의 이 방파제가 이번 생낌항 뉴딜의 핵심사업이었다. 지역 주민들은 큰 선물을 해주었다고, 동절기 6개월 동안에도 안전한 접안과 계류를 할 수 있으니 그동안 힘겨웠던 북서 계절풍으로부터 선박을 보호해 주는 큰 선물이라고 말씀하시면서 좋아하셨다. 방파제에는 선박을 정박시키는 새 부잔교도 매달려 있었다. 전국의 어촌마을에 이런 방파제와 접안시설을 만들어주는 것이 목표였던 내게 이

곳은 꿈이 이루어지는 현장이었다. 직접 보니 감개무
량했다.

천사의 섬,
신안
2

나는 서해 바다가 아름답다고 생각해 본 적이 없었다. 남해나 동해에 비해 물빛이 탁하고 그래서 주변의 풍광까지 모두 흐릿하게 만드는 바다라고 여겼다. 물론 서해 연안에 발달한 갯벌만 하더라도 엄청난 수산 생물의 보금자리이고 바다 생태계를 건강하게 유지시키는 보물 같은 존재이다. 아이들을 데리고 갯벌 체험을 하러 가면 조개와 게 등등, 그 신기한 생명체들을 접하면서 엄청나게 좋아하는 모습을 보면서 나까지 행복해지곤 했다. 하지만 그 갯벌의 정경이 멋있다고 느껴진 적은 없었다. 그런데 몇 년 전 신안 증도에 가 보고 그런 생각이 좀 달라졌다.

증도에는 '염생식물원'이 있다. 내 고정관념을 바꿔준 아름다운 곳이다. 전망대에서 바라본 갯벌습지의 빨갛고 푸른 염생식물들이 펼치는 조화로운 향연은 충격적이기까지 했다. 거기다가 서해의 낙조까지 겹치면 그야말로 환상적인 풍경이 만들어진다. 누가 이 바다를 우충충하다고 말할 수 있겠는가? 신안군 북부의 증도는 무안군 해제반도와 연육되어 있는 지도智島를 거쳐 승용차로 바로 들어갈 수 있는 큰 섬이다. 우리나라에서 가장 큰 천일염 생산업체 태평염전이 그곳에 있다. 소금산업은 과거에 비해 소비가 많이 줄어들고 그나마도 값싼 외국산 암염에 밀려 경쟁력을 잃어가고 있다. 그런 와중에 태평염전이 염전체험 활동과 소금박물관, 소금카페, 천일염 찜질방 등 다채로운 콘텐츠들을 만들어 관광객들을 불러들이는 것은 인상적인 도전이었다. 앞서 말한 염생식물원과 함께 새로운 경험을 할 수 있는 곳들이다. 외지 관광객들이 한번 와 보면 경탄할 수밖에 없는 곳이었다. 거기서 생산되는 소금을 프랑스의 게랑드 소금처럼 비싸게, 그리고 전 세계로 팔리는 상품을 만들어 낼 수만 있다면 앞으로 염전마을의 미래도 한층 밝을 것이다.

서해 바다의 인상을 바꾼 두 번째 충격은 이번에 가본 안좌도의 '퍼플섬'이었다. 안 그래도 입소문을 타던 퍼플섬은 얼마 전 2021년 12월 3일에 유엔 산하 세계관광기구가 공모 심사한 세계최우수관광마을에 선정되어 더욱 유명해졌다. 신안군 안좌도와 그 남쪽의 부속섬인 반월도와 박지도가 보행교로 연결된 것이 시작이었다. 안좌도에서 반월도까지는 380미터의 문브릿지로, 박지도까지는 547미터의 퍼플교를 통해 걸어 들어갈 수 있다. 작은 두 섬 사이도 915미터의 보행교로 연결되어 있어 안좌도에서 출발해 한 바퀴를 삥 돌아오는 도보투어가 가능하다. 나는 반월도에서 4km가 넘는 섬 일주 전동카트(유료)를 타보기도 했는데 시간이 넉넉했다면 걸어서 한 바퀴를 돌고도 싶었다.

퍼플섬이 유명한 것은 바로 섬 전체를 물들인 보랏빛 채색 때문이다. 입구 쪽인 안좌도의 두 매표소 부근 마을부터 시작해서 서른 명의 주민이 사는 박지도, 100여 명이 거주하는 반월도의 모든 집 지붕, 창고의 벽, 심지어 마을 주민들의 작업복까지 모두가 보라색이었다. 이 단순하고 아름다운 보랏빛 색채의 세례가 바다와 갯벌, 그리고 작은 섬들을 빛나게 만들어 주는 신비한 연금술사의 역할을 한다. 심지어 갯벌 위의 보라색 보행교를 걷는 것도 멋진 경험이었다. 반월도에서 박지도로 건너가는 퍼플교 입구에 반월마을카페가 있는데, 그곳 70세의 예쁜 할머니 바리스타가 건네주는 커피잔과 받침접시도 보라색 디자인이었다. 여기서는 커피도 보라색 커피를 마시는 기분. 신안군에서는 방문객들도 보랏빛의 축제에 주인공으로 초대된다. 퍼플섬 입장료가 5천 원이다. 하지만 옷이나 악세사리 등 뭐라도 보라색을 걸치면 면제해 주는 것이다. 이 코로나 사태에도 불구하고 작년에만 27만 명이 다녀갔다는데 약 1/3의 관광객이 면제를 받았다고 하니 보라색 초대장의 힘이 이처럼 대단하다. 관광객들도 더 즐거운 마음으로 섬과 하나가 될 수 있었을 것이다. 그렇게 면제를 해 주고도 거두어들인 입장료. 수입이 8억여 원이니 지금껏 보행교 놓느라 투자한 예산이 헛수고가 되지는 않았다. 주민들의 생활 편의를 위해 시작한 보행교 사업이었는데 약간의 아이디어를 보태니 덤으로 관광 수입까지 생겨 군 재정에 도움을 준다. 여기에 퍼플섬이 유명해지면서 주민들의 관련 일자리도 점점 더 늘어나니 그야말로 일석삼조가 아닐 수 없다.

자은도의 뮤지엄파크에도 가보았다. 입장료가 무려 만 원이나 해서 비싸다고 생각했는데 안에 들어가 한 바퀴 돌아보니 오히려 싸다는 생각으로 바뀌었다. 박물관공원이라는 우리말 뜻대로 여기에는 조개박물관, 신안자생식물전시관, 수석미술관 등이 있고 추가로 유리공예전시관도 계획하고 있다 한다. 조개박물관은 우리나라와 전 세계의 조개와 고둥 껍질을, 자생식물원은 새우란을 중심으로 신안의 특이한 식물을, 수석미술관은 한국과 전 세계에서 수집한 희귀한 수석과 석부작들을 실내외에서 전시하고 있다. 2km 길이로 다져진 백사장을 걸어보는 낭만은 생각지도 않았던 덤이다. 가 보면 절대 후회하지 않을 것이다.

육지로 나오는 길에 천사대교 압해도 쪽 입구에 가까운 천사섬분재공원에도 들렀다. 별로 기대하지 않고 갔는데 사실 여기가 이번 신안 여행의 마지막 하이라이트였다. 분재공원이라기보다는 야외 식물원이었다. 인공계류와 애기동백숲을 중심으로 천리향, 팜파스그라스 같은 진귀한 식물들이 눈과 코를 자극했다. 숲 사이로 난 언덕길을 따라 천천히 걸어다니면 몇 시간이고 구경과 힐링을 함께할 수 있는 명품 수목원이었다. 유리 온실 안에는 철쭉, 모과나무, 소사나무 등의 분재들이 화려한 모습을 뽐내고 있었다. 공원관리소에 의하면 앞으로 1,500년 이상된 주목들의 진귀한 분재도 전시할 예정이라고 한다. 신안에는 보물이 참 많구나 느끼면서 관문섬 압해도를 빠져나왔다.

인천은

항구도시?

1980년부터 30년 이상 서울 생활을 하면서 바다가 그리워지면 전철 1호선을 타고 인천으로 갔다. 하인 천역 쯤 내려서 월미도나 연안부두를 찾아 서해 바다를 마냥 바라보다 돌아오곤 했다. 나 같은 경우 말고도 수많은 서울과 경기도 사람들에게 인천 바다는 위두 곳이나 송도유원지로 기억될 것이다. 젊은 청춘들의 단골 데이트 코스였고 단란한 가족들의 바다 나들이 명소이기도 했으니 말이다. 여름 피서철에는 대천이나 만리포같은 충남의 바다나 강릉 경포대처럼 먼곳까지도 휴가여행을 가곤 했지만 과거에 그런 곳은 너무 멀었다. 충남은 보통 장항선 기차를 타고 오랜시간 가야 했고, 강릉 같은 강원도 동해안은 버스가 유일한 대중교통 수단이었다. 승용차가 대중화되고 서해안고속도로와 고속철도가 개통된 이후에는 훨씬 가까워졌지만 어쨌든 지금도 서울에서 일상으로 접근할 수 있는 바다는 인천의 바다이다.

인천은 조선 말기 이래 수도권의 관문 항구로 역할을 해온 곳이다. 조수간만의 차이가 심한 서해안의 특성상 항만 조건이 좋지는 못하다. 그래서 인천 내항은 갑문으로 막아 선박의 입출항과 접안에 필요한 수

위를 확보한 도크식 다목적 항구이다. 지금의 갑문은 1918년과 1974년, 두 번의 공사로 완성되었다. 이 갑문들의 완성으로 하루 20척의 입항과 20척의 출항이 가능해졌고 우리나라 최초의 컨테이너부두가 만들어지기도 했다.

그러나 이 갑문시스템으로는 대형 선박 및 많은 선박의 입출항이 불가능해 새로이 만들어진 항만이 북항, 남항 그리고 신항이다. 인천은 컨테이너 물동량 기준으로 부산에 이어 2위를 기록하며 평택과 함께 수도권 2,600만 인구의 관문 항구로서 역할을 수행하고 있다. 인천에서는 서해 연안여객선 노선은 물론이고 중국의 칭따오, 단둥 등 국제여객노선 10개도 운행하고 있다.

다른 한편 인천은 공항도시이기도 하다. 한국의 관문일 뿐 아니라 동북아시아 항공교통의 허브 중 하나로 발돋움한 영종도 국제공항의 발전은 실로 눈부시다. 현대경제는 IT, 바이오 등 경소단박형 산업 중심으로 발전한다. 우리나라 수출입 화물의 99% 이상은 선박으로 수송되지만 어디까지나 이것은 중량 기준이다.

금액 기준으로 따지면 확 달라진다. 해운은 수출입 화물액의 70%를 담당한다. 나머지 30%는 항공 화물이다. 그 대부분이 인천공항을 이용한다. 인천은 국제공항으로부터 크나큰 경제적 낙수 효과를 거두고 있다. 송도신도시의 성공도 공항효과에 힘입은 바 크다. 이에 수도권 시너지효과가 상승작용을 하는 것은 두말할 나위가 없다.

그런 점에서 나는 인천 내항의 재개발사업이 좀 더 본격적으로 추진되었으면 좋겠다. 빨리 서두르자는 말이 아니다. 제대로 된 비전을 가지고 당장 할 수 있는 일과 중장기적으로 인천의 발전에 도움이 되는 방향으로 설계가 되었으면 하는 바람이다. 특히 나는 내항 재개발지역이 해양문화 친수공간으로 발전할 미래에 대해 기대가 크다. 해양·내륙관광의 연계거점으로서도 발전할 수 있을 것이다. 거대한 수도권 인구와 중국 관광객들을 배경으로 그 효용이 극대화되리라 믿어 의심치 않는다. 그래서 나는 장관 재임시 인천 내항을 방문한 자리에서 이런 내 바람을 거듭 전하기도 했다. 재개발 과정에서 제일 중요한 것은 인천 시민들의 희망이 반영되는 설계이다. 나는 시민을 포함한 모든 이해당사자들이 참여하는 통합개발 협의체 구성을 성사시키기도 했다. 하지만 몇 년이 지났는데 아직도 내항 재개발 추진은 지지부진한 것 같아 안타깝다.

해수부 산하 외청인 해양경찰청의 본부도 인천에 있다. 앞에서 말한 것처럼, 원래 1979년부터 인천에 본부기 있던 해경은 2014년 세월호 사고의 문책으로 해산되었다가 문재인 정부가 부활시켰다. 내가 장관에 취임해 보니 해경은 국민안전처가 있던 세종시에 임시청사를 두고 있었다. 해경 본부의 새로운 입지 선정을 둘러싸고 논란이 많았으나 인천으로 최종 결정이 났다. 해체 전 본부가 있던 곳이기도 했고, 특히 서해 5도를 중심으로 민감한 해양 치안 수요가 많은 점이 감안되었다. 2018년, 해양경찰청은 임시 청사 살림을 청산하고 인천 송도로 돌아갔다.

대
　마
　　도
　　기행

내륙에 사는 분들은 잘 모르겠지만, 대마도는 일본 앞바다가 아니라 부산 앞바다의 섬이다. 부산이나 거제에서 50km 거리여서 맑은 날에는 우리 집 뒷산에서도 보이는 섬이다. 남섬과 북섬이 거의 붙어 있다시피 한데 북섬의 히타카츠항까지는 부산에서 쾌속선으로 1시간 이내에 도착한다. 남북으로 80km가 넘게 길쭉한 섬이다 보니 행정 중심지인 남섬의 이즈하라항까지는 2시간 정도 걸린다. 그래서 부산에 살다 보면 큰 결심 없이도 대마도를 다녀올 수 있다. 통영이나 남해도 가는 것보다 더 가깝고 또 비자도 필요 없다.

사실 대마도는 일본에서 보면 아주 오지이다. 나가사키현에 속해 있는 이 섬은 제일 가까운 이키섬까지 50km, 큐슈 본섬까지는 100km가 넘게 떨어져 있다. 섬의 크기는 제주도의 절반이 채 안되지만 거제도보다는 많이 크다. 그럼에도 인구가 3만 명에 불과한 것은 농토가 거의 없고 대부분이 산지로 이루어져 있기 때문이다. 그래서 옛날 농경시대 한반도에서는 사람이 건너가 살지 않고 해상활동에 능한 일본인들이 삶의 무대로 삼았을 것이다.

고려말, 조선초에 왜구의 침입에 하도 질린 조선 조정에서 1419년 이종무 장군을 시켜 대마도를 성벌했다가 결국 철병한 것도 당시의 관점에서 봤을 때 쓸모없는 땅이었기 때문이었을 것이다. 물론 당시 대마도주는 급한 불을 끄느라 충성을 맹세했고 조선에서도 회유책으로 부산 등 3포를 통상 개항하기도 했다. 하여튼 대마도가 일본 땅이 된 것은 한국 사람으로서 두고두고 뼈아픈 대목이 아닐 수 없다.

부산에 귀향한 후 지난 십 년 동안 지인들과 함께 몇 차례 대마도를 방문한 적이 있다. 관광지라고 할 만한 곳이 많지는 않다. 대마도주의 유적지나 면암 최익현 선생의 순국지, 해안 절경 몇 군데 정도겠다. 그저 일본의 작은 시골에 왔다 생각하면 될 것이다. 하지만 관광이 아니라 휴양을 목적으로 삼으면 아주 좋은 여행지이다. 자전거를 타거나 천천히 도보로 다닐 생각이면 더욱 좋은 곳이다. 해안가도 좋지만 섬의 복판 산 속으로 들어가는 것도 일품이다. 좋은 하이킹 코스들이 많다. 낚시광들이 좋아하는 섬이기도 하다. 항구에서 렌트카를 빌리면 교통량이 많지 않기 때문에 오른쪽 운전석이라 익숙치는 않아도 비교적 편안하게 운전하고 다닐 수 있다.

대마도는 한국 관광객에 대한 경제적 의존 비율이 높은 섬이다. 그래서 대마도 시장이 한국 의존 탈피를 공약으로 내걸고 당선될 정도였다. 몇 년 전 일본 국회에서도 한국인들이 대마도에 투자하고 땅을 많이 매입하는 것을 우려하는 의원의 발언이 있었다. 이러다가 사실상 한국땅이 되는 게 아니냐는 걱정이었다. 최절정기인 2018년에는 40만 명이 넘는 한국인들이 대마도를 찾았다. 그러던 것이 2019년부터 일본의 경제제재에 대한 반발로 한국인 방문객이 대폭 줄면서 대마도 경제도 큰 타격을 받았다. 더욱이 코로나19 때문에 더 직격탄을 맞았다. 부산-대마도를 다니던 5편의 여객선은 모두 운행정지 상태이고 대마도는 대폭 늘어난 중앙정부의 보조에 의지하여 살아가는 섬이 되어버렸다.

그래도 상황이 좋아지면 우리 국민들이 대마도를 다시 찾았으면 좋겠다는 마음이다. 여러 가지 이유가 있다. 우선 우리 부산에서 가깝다. 그리고 앞에서 이야기한 것처럼, 휴양하기 좋은 섬이다.

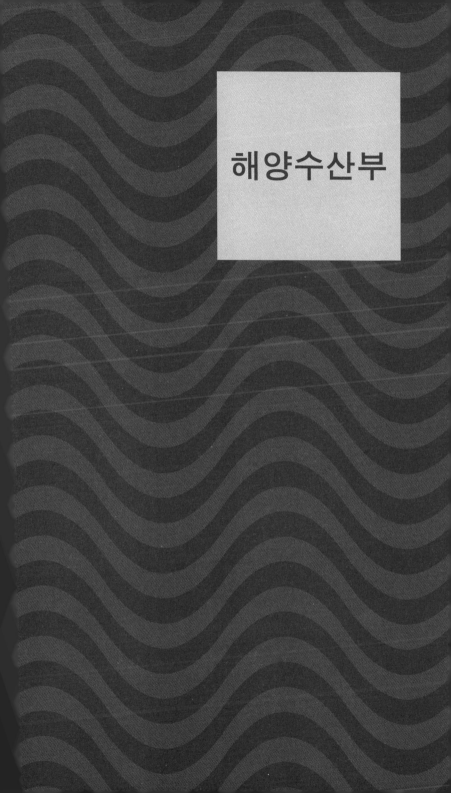

해양수산부

해양수산부

1996년 해양수산부의 창설은 오랫동안 바다의 가치를 등한시해 오던 대한민국에서 하나의 큰 전환점이 되었다. 수많은 전문가와 뜻있는 이들의 오랜 요구가 밑바탕이 되고 독도영유권 분쟁이 계기가 되어 이루어진 일이었다. 여기에는 거제도에서 태어나 자라고 항구도시 부산에서 정치적 성장을 한 김영삼 대통령의 결단력이 크게 작용했다. 초대 장관에는 부산 출신의 중진 정치인인 신상우 의원이 임명되었고 대통령이 되기 직전의 고 노무현 대통령이 6대 장관을 맡아 해수부 역사의 한 페이지를 기록하였다. 나는 20대 장관이었다.

미국, 일본, 중국 등 강대국들에는 국가해양전략에 대한 대통령실 혹은 총리실 직속의 위원회가 존재한다. 거기서 각 부처의 해양 관련 이슈를 통합·조정하는 기능을 수행한다. 그래서 굳이 우리처럼 해양수산부가 없어도 되는 것이다. 우리는 그런 바탕과 심모가 없으므로 실재하는 해양수산부라는 담당 조직을 통해 그런 문제를 해결한다. 수평적 위치에서 제 목소리를 내고 해양 관련의 몫을 확보하는 것이 우리 문화에 맞는 것이다.

사실 해양수산부는 작은 조직이 아니다. 세종시의 본부에만 600명이 넘는 직원이 있고 전국 각지의 지방청과 수산 관련 현장 기관들을 포함하면 약 4천 명의 공무원이 일하는 큰 조직이다. 18만 평이 넘는 부산 영도의 동삼혁신지구에는 해수부의 소속기관들과 한국해양과학기술원, 해양수산개발원 등 유관기관들 16개가 입주해 있다. 수산과학원, 한국해양진흥공사 등은 부산의 다른 지역에 본부를 두고 있다. 해수부 산하 외청인 해양경찰청은 인천의 본부를 위시해서 중부, 동해, 서해, 남해, 제주의 5개 지방청과 그 산하 해양경찰서들에 근무하는 1만2천여 명의 경찰로 이루어진 조직이다.

해양수산부는 우리 대한민국의 바다를 지키고 관리하는 최일선의 전문기관이다. 그러니만큼 해양에 대한 애정과 전문성이 없다면 조직의 존재 이유가 없다. 적어도 이 점에서 높은 평가를 얻지 못한다면 과거처럼 육지를 담당하는 여러 부처나 기관들의 한 부분들로 흩어져 존재해도 무방할 것이다. 그러므로 해양수산부 구성원들은 바다에서의 자기 임무에 대해서 부단히 연구하고 바다에 대한 남다른 열정과 사명

감을 가져야 마땅하다.

세월호 참사,

　　　그 이후의

　　　　뒷이야기들

내가 세월호를 처음 접한 것은 2014년 지방선거를 앞두고 부산시장 예비후보로서 한참 선거운동에 몰입하던 때였다. 그날 4월 16일 오전 11시경. 나는 후보 어깨띠를 메고 수행원들과 함께 부산 거제시장의 상가건물 내부를 돌고 있었다. 칼국수 등을 파는 목로와 식당 주위를 다니는 중 한 목로식당의 텔레비전 앞에 사람들이 모여 웅성거리는 것을 보고 인파 속으로 끼어들었다. 화면에서는 웬 커다란 배가 바다 위에 기우뚱 옆으로 쓰러진 채 누워있는 장면이 나왔다. 전라도 진도 앞바다에서 발생한 여객선 침몰 속 보였다. 수백 명 넘게 사람이 탔다는데 다행히 "승객은 전원 구조"라는 자막이 크게 나오면서 사람들은 안도의 한숨을 내쉬었다. 그 상태에서 현장을 떠났던 것인데 나중에 알고 보니 오보였다. 몇 년 동안이나 국민들을 충격에 몰아넣은 끔찍한 대형 인명사고가 발생한 것이다.

세월호 사건은 전체 승선자 476명 중 구조된 사람이 172명에 불과했고 희생자가 무려 304명에 이르는 대형 참사였다. 특히 제주 수학여행에 나선 단원고 2학년 학생들 325명이 이 배를 탔는데 그중 75명만이 구조되어 국민들의 가슴을 더욱 아프게 했다. 내가 해수부 장관에 취임했던 2017년 6월에는 오랜 논란과 시행착오 끝에 선체 인양과 목포신항 육상 거치가 끝난 뒤였다. 사고 발생 후 이미 3년이 더 지난 때였지만 사고 수습은 아직도 요원했다. 선체에서 실종자들의 유해를 찾는 작업이 계속 진행 중이었다. 나는 그해 6월 16일 금요일 늦은 오후에 청와대에서 장관 임명장을 받았다. 그리고 다음날, 토요일이었음에도 불구하고 바로 목포신항의 현장을 찾았다. 선체 수색 작업자들을 격려하고 미수습자 가족들을 만나 위로와 함께 요청사항을 경청하기 위해서였다.

수색작업은 이후 별다른 성과를 내지 못했고 2017년 11월 18일 미수습자 5명의 가족 합동영결식이 거행되었다. 그 전후 과정에서 엉뚱한 사고가 발생하기도 했다. 바로 전날인 17일 선체수색 과정에서 빼낸 물건 더미에서 뼛조각 1점이 발견됐는데 해수부 현장 책임자들이 기존에 발견된 수습자의 유해 일부일 것이라 단정하고 정해진 절차대로 보고를 하지 않았다. 장례식이 모두 끝난 20일에야 나에게 보고를 했고 나는 그들을 엄중하게 질책한 후 선체조사위와 유족들에게 즉시 통보할 것을 지시했다. 그들의 해명인즉 영결식을 치를 실종자의 유해가 아닐 것이 분명한데 마음을 다잡고 장례를 치르려는 가족들에게 DNA검사로 2주일을 더 기다리게 하는 게 현명한 일이 아니라고 판단했다는 것이다. 그런 해명이 실종자 가족들이나 세상에 받아들여질 리 만무했다. 이 일은 해수부 유골 수습 은폐사건으로 비화되어 엄청난 질타를 받았고 야당은 장관의 인책 사퇴를 요구하기도 했다. 나는 현장수습본부장과 부본부장 두 사람을 직위해제하고 중징계를 결정하여 정부 중앙징계위원회에 회부했다. 나중에 DNA 조사 결과 그 유골의 주인은 기왕 수습된 바 있는 한 분의 것으로 판명되었다. 아울러 미수습자 가족들이 피징계자들의 관대한 처벌을 탄원하는 등의 영향으로 두 사람은 중앙징계위원회의 최종 심의 결과 경징계로 감경 처분을 받았다. 하지만 나는 그들에게 좌천성 인사조치를 내려 한동안 반성의 시간을 갖도록 했다. 또한 제도적 대책으로 세월호 후속대책추진단장 겸 현장수습본부장을 민간인으로 특채하여 해수부 공무원들을 지휘하면서 유가족 및 미수습자 가족들과의 소통, 지원 책임을 맡겼다.

세월호 참사 진상조사와 관련해서는 2015~16년 특별조사위원회(이하 특조위)가 구성되어 활동하다 법적 시효 종료 이후 내가 해수부에 갔을 때는 선체조사위원회가 구성되어 활동을 하고 있었다. 그런데 과거 특조위 활동에 대한 박근혜 정권 측의 방해 작업이 있었다는 폭로가 있었고 이때 제시되었던 증거문건이 "세월호 특조위 관련 현안 대응방안"이었다. 그때 해수부의 김영석 장관은 내가 상임위원장으로서 사회를 보고 있던 국회 농해수위 회의에서 해수부는 그런 문건을 작성한 적이 없다는 진술을 한 바 있었다. 나중에 내가 장관에 취임한 후 과거 정리 차원에서 감사관실을 통해 조사를 시켜 봤더니 뜻밖에 어느 실무자의 컴퓨터에서 그 문건이 발견되는 것이 아닌가? 설마 아닐 거라고 생각했던 문건 작성의 주체가 해수부라는 게 밝혀졌으니 큰일이었다. 핵심은 누가 지침을 만들고 행동을 지시했는가 하는 것인데 현직에서 물러난 민간인들을 대상으로 행정력만으로는 최종 확인이 불가능했다. 이 문제를 어떻게 처리해야 할지 한 달 가량 고민했다. 그러던 중 감사관실 직원들이 자칫하면 이 문건의 작성을 확인해 놓고도 은폐하려 했다는 죄를 뒤집어쓸까 봐 걱정한다는 보고를 듣고 공개를 결정했다. 2017년 12월의 일이었다.

이 문건의 작성 지시자가 누구인지 현재의 해수부와 청와대로서는 조사 확인할 방법이 없으니 검찰에 수사를 의뢰할 수밖에 없었다. 그런데 사건을 배당받은 서울동부지검은 수사에 착수하자마자 박근혜 정부 해수부의 김영석 전 장관과 윤학배 전 차관을 구속시켜 버리는 게 아닌가? 문서 작성 당시 김영석 장관은 차관이었고 윤학배 차관은 청와대 해양수산비서관이었다. 검찰은 이들을 지시 계선의 핵심으로 본 것이었다. 나는 그들도 지시를 받은 사람들에 불과할 거라고 생각했지만 검찰이 그 윗선까지는 밝혀내지 못한 것 같다.

2018년 5월 10일 세월호는 목포신항부두에서 직립에 성공했다. 배를 세운 후 그 이전에는 수색이 어려웠던 기관부 등에 대한 정밀 수색을 추가로 실시했으나 더 이상의 성과는 거두지 못했다. 정부와 유가족, 그리고 안산시는 오랜 협의 끝에 단원고 학생과 교사들을 중심으로 희생자들이 집중 발생한 안산에 추모시설로서 '4.16생명안전공원'을 조성하기로 결정했

다. 세월호 선체는 목포신항 배후부지에 '세월호생명
기억관'으로 조성하여 존치하기로 했다. 시간이 흘러
세월호참사에 대한 관심이 희미해져가면서 이런 후
속 작업들에 대한 보도마저 찾아보기 어렵게 되었다.
또 다른 참사를 예방하기 위해서라도 기억과 추모의
작업은 중요하다. 이 글을 남기는 이유이기도 하다.

해
양
경
찰

"그러고도 여러분들이 국가공무원이라고 말할 자격이 있어요?"

해수부 장관으로서 해경 간부들을 만난 첫 번째 자리에서 내가 한 말이다. 나는 2017년 8월경 세종시의 해양경찰청 본부를 방문했다. 장관으로서 산하 외청을 방문하여 업무보고를 받고 공식 상견례를 하는 자리였다. 그런데 그 자리에서 환담 중 한 간부가 과거 세월호 사고를 되돌아보며 당시 해경 직원들은 물 위의 조난자들만 구조하게 돼 있었지 바다 밑의 조난자들을 구조하는 매뉴얼은 없었다고 말했다. 그 말에 나는 격분하고 말았다. "설령 매뉴얼이 없었다고 해도 당신들은 국가공무원이다. 당시 배에 탔던 민간인 승객도 위험을 무릅쓴 채 몸에 밧줄을 묶고 구조활동을 펼쳤는데 명색이 해양경찰이라는 사람들이 매뉴얼 타령을 하고 있어야 되겠느냐? 당신들은 아직도 멀었다" 하고 질타하고는 퇴장해 버렸다.

나중에 해경청장이 해수부 장관실로 찾아와 정중하게 사과를 하는 걸로 이 문제는 일단락지었지만 그 일은 내가 해경 뿐만 아니라 우리나라 공무원 사회에 대한 이해를 깊게 하는 한 계기가 되었다. 공무원들은 기본적으로 업무 매뉴얼 대로 일하는 게 맞다. 마땅히 할 일인데 매뉴얼이 없다면 어떻게 하든 만들어 넣어야 하는 것이 간부들의 역할이다. 그런데 국민의 안전 문제와 직결된 위급상황에서는 어찌해야 할까? 옆에서 사람들이 죽어가고 있는데도 매뉴얼 타령을 해야 할까? 아니다. 사람이라면, 더욱이 안전을 책임지는 분야의 국가공무원이라면 마땅히 뛰어들어 사람을 구조해야 한다. 그것이 진짜 공복의 자세이다. 나는 그런 자세의 결여를 질타한 것인데, 2014년 봄 우리 국민들이 해경에 분노했던 것도 마찬가지 이유였을 것이다.

세월호 사고 문책으로 해체당했던 해경은 문재인 정부의 출범과 함께 3년 만에 부활했다. 해체 이후 해경 조직은 세종시에 있던 국민안전처에 소속되어 있었으므로 부활 해경도 그 자리에 임시청사를 두고 있었다. 해경 조직에 대한 일상 업무 지휘와 중간 간부 이하의 인사는 해경청장 권한이지만 청장 및 고위 간부들의 인사 제청권과 중요정책수립에 대한 지휘권은 해수부 장관에게 있었다. 문재인 정부의 초대 해경청장으로는 육상 경찰인 박경민 인천경찰청장이 임명되었다. 해경 근무 경험은 전무했지만 과거 수십 년 동안 이런 인사가 보편적이었다. 육경 간부가 해경청장에 임명되는 것을 당연시하는 풍토였던 것이다. 해경 출신이 승진해서 청장이 된 경우는 그때까지 딱 두 사람뿐이었다.

이런 관행에 종지부를 찍은 정부가 바로 문재인 정부이다. 2019년 8월 국회를 통과한 〈해양경찰청법〉 제정으로 육상 경찰 출신은 해경청장이 될 수 없도록 아예 못박은 것이다. 이전의 해경은 조직의 근거 법률이 별도로 없어 허술한 토대 위에 지어진 가건물 같은 느낌이었다. 해경법 제정으로 15년 이상 해경으로 근무한 자만이 청장이 될 수 있되 치안감 이상에서 임명이 가능토록 대상자를 넓히는 등 조직의 자율적 발전을 위한 초석을 닦게 되었다. 이 신법에 의해 임명된 최초의 해경청장은 2020년 취임한 17대 김홍희 청장이다. 심지어 그는 치안감에서 2계급 승진하여 바로 청장에 임명된 최초의 경우이기도 했다.

나는 해양경찰이 전국에 1만2천여 명의 직원을 둔 큰

조직임에도 독자적인 근거법 없이 육경의 작은 집처럼 취급되고 있는 것이 안타까웠다. 그래서 장관 재임 중에 청와대 백원우 민정비서관의 적극적인 지원을 받아 해양경찰청법의 제정 작업을 추진했다. 정부 내부의 이견 조정이 문제였는데 잘 정리가 되었고, 국회에서도 거의 반대가 없어 일사천리로 진행됐다. 해경으로서는 불행 끝에 좋은 시절이 온 셈이다. 사실 해경, 특히 승선 근무자들은 고생을 많이 하는 공무원들이다. 한 번 출동하면 1주일씩 집에 못 가고 함상 생활을 해야 한다.

2017년 7월 25일, 한창 여름 휴가철이던 그날, 경남 통영 욕지도에서 불법어로 단속 활동 중이던 해양수산부 남해어업관리단 소속 고속단정이 폭발하는 사고가 발생했다. 이 사고로 28세의 젊디젊은 김 원 주무관이 순직하였다. 나는 인사혁신처, 국가보훈처와 협의해 위험직무 순직과 국가유공자 인정을 받고 국립묘지에 안장되도록 했다. 그의 고향인 목포 북항 인근의 노을공원에 가면 김 원 주무관의 흉상이 서 있다. 그 바로 옆에는 2008년 9월 신안 가거도 서방 해상에서 중국어선의 불법조업을 단속하다가 격렬하게 저항하는 중국 선원의 흉기에 맞아 순직한 해양 경찰 박경조 경위의 흉상도 서 있다. 지나는 길에 두 순직자의 흉상을 보시거든 고인들의 명복을 빌어주시기를 바란다.

중국어선의 불법조업이 특히 극심한 곳은 서해5도 부근 수역이다. 값비싼 꽃게의 황금어장인 데다 남북 사이의 대치를 이용해 북방한계선ₙLL을 따라 거의 우리 연안 가까이까지 침투해 오는 중국 어선이 많기 때문이다. 우리 해경 함정이나 어업지도선이 출동하면 북쪽 수역으로 도주해 단속에 어려움을 겪기도 한다. 이런 특수한 상황에 대처하기 위해 해경은 인천에 본부를 둔 '서해5도 특별경비단'(서특단)을 창설했다. 서특단은 총경을 단장으로 하는 중부지방 해양경찰청 직할 조직으로 서해5도 해역의 외국어선 단속과 경비, 수색 구조활동을 담당한다.

나와 함께 일했던 마지막 육경 출신 박경민, 조현배 두 해경청장들은 해경의 일신을 위해 최선의 노력을 기울여 주었다. 해양 경찰의 정기 체력 테스트에 수영을 의무화시키기도 하고, 청장이 직접 다이버 교육을 받는 솔선수범을 보여주기도 했다. 바다 사람들이 어려움을 겪을 때 짠하고 나타나는 마린보이같은 존재로 해양경찰이 거듭 발전하도록 그들의 무운장구를 빈다.

백령도에서

격렬비열도로

백령도는 약 5천 명의 인구가 사는 우리나라에서 8번째로 큰 섬이다. 간척으로 덩치가 커졌다. 해수부 장관 때인 2017년 10월, 나는 우리나라 최서단의 섬인 백령도로 시찰방문에 나선 적이 있다. 인천 영종도의 해경 비행기지에서 헬기를 탔다. 비행거리가 200km가 넘어 1시간이 걸렸다. 뱃길로는 쾌속선으로도 4시간이 걸린다. 소청, 대청도를 들러 입도한다. 직선거리는 더 가깝지만 북한과의 대치 지역이기 때문에 남쪽으로 돌아서 백령도를 향하도록 항로가 정해져 있다. 인천에서 하루에 3편의 여객선이 운행된다. 여객선 요금은 꽤 비싼데 섬 주민을 비롯한 인천시민들에게는 80% 할인이 된다.

백령도는 주민과 비슷한 숫자의 여단급 해병대 대원들이 주둔하는 군사지역이다. 북한 황해도의 장산곶과 불과 14km 떨어진 최전선 지역이다. 전망대에서 망원경으로 바라보면 북한쪽 육지의 포대가 보인다. 해병대 본부를 방문해 고생하는 군인들을 격려하고 난 후 주민들을 만났다. 그들의 요청 사항을 들어보니 유일한 교통수단인 여객선의 수시 단절 해소가 오랜 숙원이었다. 안개가 자주 끼는 탓에 전방 주시거리가 확보되지 않으면 여객선은 통행이 금지된다. 충돌 위험 때문에 취해지는 안전조치다. 이 가시거리 기준을 완화해 달라는 요청이었다. 또 어로작업 제한 문제도 있다. 북방한계선 부근으로의 접근이 위험하기 때문에 어로허가구역을 따로 설정해 놓고 시간 제한도 있다. 이를 확대해 달라는 것이 또 하나의 중요한 요구사항이었다. 백령도는 경작지가 많아 쌀까지도 자급자족이 되는 섬이지만 사람이 밥만으로는 살 수 없으니 발생하는 요구들이다. 해수부 장관된 자로서 주민들의 요청을 경청했으나 북한과의 관계 정상화가 관건이었다. 또한 해군의 입장이 아주 원칙적이라 풀기가 어려웠다.

백령도 일정을 마치고 나는 다시 헬기로 남쪽의 격렬비열도(이하 격비도)로 향했다. 격비도는 서해의 영해 기점 중 하나로서 충청남도 태안반도에서 55km 떨어진 망망대해 중의 외딴 섬이다. 40분 가량 날아 격비도 부근 해상에 정박해 있는 해경 1507함에 착륙했다. 해경 함정의 경찰들은 한 번 순찰 활동에 나서면 1주일 동안 집으로 돌아가지 못하고 함상 생활을 한다. 그런데도 30명 가량의 승조원 중 여성이 4명이나 되었다. 어디에서나 남녀의 경계가 무너지고 있음을 실감했다. 백령도 해병부대를 방문했을 때에도 사진병이 여성 하사관이었는데 그중 가장 우렁차고 씩씩했다.

격비도는 사람이 살지 않는 연접한 세 개의 작은 바위섬들을 가리킨다. 그 모습이 기러기가 날아가는 모습을 닮았다고 해서 격렬비열도格列飛列島라는 이름이 붙었다고 한다. 그중 북섬에 유인등대가 있어 해양수산부 산하기관 소속 직원이 2인 1조로 보름씩 상주 교대근무를 하고 있다. 1990년대에 무인화했다가 중국인이 섬을 매입하려 했던 일이 알려지고 중국어선의 불법조업이 격화되면서 다시 유인 등대로 환원되었다. 나는 해경함에서 내린 작은 보트로 갈아타고 북섬에 상륙하였다. 그런 정도의 소형선만 접안 가능한 선착장이 만들어져 있다. 선착장에서 벼랑을 따라 조성된 계단길을 10분 남짓 오르면 꼭대기에 등대가 있다. 사방을 둘러봐도 오직 바다만 보일 뿐, 그야말로 절해의 고도이다.

격비도는 외딴섬이라 하더라도 영토, 해양주권 방어

차원에서 사람이 상주하고 사용하는 것이 얼마나 중요한지를 알려주는 좋은 사례이다. 육지에서 민 고도일수록 척박한 거주 환경 때문에 점점 비어가는 현실에 대한 지원대책이 절실하게 요구된다. 지금도 격비도의 소유주는 민간인인데 국가 매입을 추진해야할 필요가 있다. 다시 배에 올라 이 막막한 벽지에서 근무하는 등대원들을 남겨놓고 떠나며 그들의 노고에 감사하는 마음을 한껏 담아 작별의 손을 흔들었다.

한강은

서
해
로

흐
른
다

지금 서울시민 1천만 명 대부분은 한강을 따라 서해로 가 본 적이 없다. 6.25전쟁 전에 한강 뱃길을 이용해 본 80~90대 노인어른들을 제외한 국민들 모두가 그렇다. 휴전선이 김포 지역 한강 하구와 강화도 북쪽의 좁은 바다 전체를 반으로 갈라놓아 일체의 교통을 차단해 놓았기 때문이다. 그래서 한강이 서해로 흐른다는 자명한 사실을 우리는 잊고 사는 때가 많다. 그 대신 우리는 인천에서 김포 고촌으로 경인운하를 파서 서해와 한강을 바로 잇는 공사를 벌이기도 했다. 하지만 그 운하는 물길을 잇는 사업으로는 거의 의미가 없다. 나도 배를 타고 인천에서 서울 여의도까지 오는 체험을 해봤지만 그 짧은 거리를 갑문을 2번 통과하는 수고까지 해가며 다닐 사람은 거의 없을 것 같았다.

2007년에 이어 2018년 9월의 남북 정상회담에서도 서해평화수역을 추진하기로 했으나 합의되지 않은 해상경계선에 대해서는 추후 군사공동위원회에서 논의하기로 했다. 한강 하구지역은 휴전선이 명확하므로 회담후속조치로서 우선 그해 11월에 이 지역에 대한 1차 남북공동조사가 이루어졌다. 하지만 그 이

후 몇 년 동안 비핵화를 둘러싼 한반도 정세의 악화로 모든 후속 작업들이 전면 중단되어 있는 상태이다. 참으로 아쉬운 일이다. 만약 한강 하구와 해주 해역의 공동이용 그리고 서해 평화수역에서의 남북공동어로 등이 이루어진다면 많은 문제가 해결된다.

우선 공동어로 작업이 이루어진다면 여러 측면에서 남북간 상호이익이 발생한다. 군사적 긴장이 가장 높은 이 지역에서 안전한 공동어로 진행을 위해서는 수역을 함께 관리해야 한다. 그러기 위해서는 군사당국 간 합의된 규칙과 공동경비 활동이 필수적이므로 군사적 대치와 긴장은 최소화될 수밖에 없다. 두 번째는 경제적 이익이다. 남측은 좋은 어장과 인력이 부족하고, 북측은 선박과 연료가 부족하다. 이런 서로의 결핍을 공동사업을 통해 해소할 수 있다. 또한 우리가 늘 골머리를 썩는 중국어선들의 불법조업을 막는 확실한 대책이 된다. 중국 어선들은 남과 북이 모두 들어갈 수 없는 군사분계선의 좁은 틈바구니를 파고들어 연평도 동쪽 해역에까지 와서 불법조업을 자행한다. 때로 중국어선들이 북한에 입어료를 지불하고 북한수역에 들어와 조업하다가 남쪽까지 침범하는 경우도 있다. 이런 문제들을 서해평화수역과 남북 공동이용 사업을 통해 해결할 수 있을 것이다.

무엇보다 서해 NLL 해역의 군사적 대치가 해소되고 한강까지를 포함하는 서해경제공동특구가 실현된다면 한강 하구는 저절로 개방이 될 것이다. 삼국시대 이전부터 우리나라 수운의 중요한 젖줄이었던 한강이 70년 만에 마침내 바다를 향해 열리는 역사적 해방의 순간이 도래하는 것이다. 그날이 오면 신곡수중보도 해체되고 반포나 여의도에서 출발하는 배가 서해로 진출하여 멀리 북한의 남포나 제주도, 중국까지 항해의 길을 나서는 모습을 볼 수 있을 것이다. 그런 미래를 돈의 가치로 환산할 수 있겠는가?

바닷모래 파
동

바다에서 모래를 채취하는 현장을 본 적이 있는가? 그 부근을 지나가도 관심있는 사람이 아니면 잘 모르는 경우가 많다. 채취는 물 속에서 이루어지고 바지운반선이 부지런히 육지로 실어나른다. 현장에 모래가 산더미처럼 쌓여있지를 않으니 바지선만 없으면 멀리서 그곳이 모래채취장인지 알 수가 없는 것이다. 그런데 과학적 조사가 없어도 오랜 세월 그 일대에서 고기를 잡아온 어민들은 안다. 그 모래 채취가 어장 환경을 얼마나 파괴하는지 말이다. 바닷속 모래는 그냥 모래가 아니다. 거기에 각종 생물들이 서식을 하고 물고기들이 산란을 하는 보금자리다. 그곳을 파괴하면 바다생물들의 생태계가 파괴돼 버리는 것이다.

1990년대까지 건설자재로서 모래의 주 공급원은 육상, 특히 강변 모래였다. 이 때문에 전국의 크고 작은 강들이 파헤쳐져서 보기에도 흉하고 위험한 지역들이 곳곳에 만들어졌다. 들끓는 여론 탓에 결국 지방자치제가 시행되면서 대부분의 강모래 채취는 금지되었다. 노태우 정부의 200만호 건설 정책이 한창 시행될 때 속도전으로 4대 신도시공사를 일시에 착공하는 바람에 모래 부족 현상이 발생했다. 이 때문에 이전에는 잘 쓰지 않던 바닷모래를 사용하게 되었는데 그 모래의 염분이 채 제거되지 않은 상태에서 공사에 투입됨으로써 건물의 안전문제에 대한 공개적인 시비가 크게 일기도 하였다.

그러나 그 이후 건설현장에서 바닷모래는 대세가 되고 말았다. 당장 대안도 마땅치 않았을 뿐 아니라 바닷모래에 대해서는 육상과 달리 제대로 규제하는 주체가 없어 무한정 채취가 가능한 값싼 공급원이었기 때문이다. 국회 농해수위원회 위원장 시절 남해 배타적 경제수역$_{EEZ}$ 욕지도 남방 채취장에 대해 들여다보니 바닷모래 채취의 인허가와 관리는 국토부 산하 수자원공사(지금은 환경부 소속)가 맡고 있었다. 해양생태에 대한 고려보다는 수요자측 입장에서 행정을 할 수밖에 없는 주체였던 것이다. 그러니 총 채취기간과 총량에 대한 허가만 있을 뿐 그것이 얼마나 무분별하게 이루어지는지에 대한 개념도 감독도 없었다. 그러던 것을 내가 국회 상임위원장 때부터 강력하게 제동을 걸었고 장관 취임 이후에도 동일한 입장을 견지하였다.

2017년 2월 15일, 부산 남항에서는 어선 100여 척의 해상시위가 있었다. 남해 EEZ 바닷모래 채취허가 연장 반대 시위였다. 박근혜 정부가 허가연장 결정을 한 직후인 3월 15일에는 전국에서 4만여 척의 어선이 참여한 대규모 반대시위가 발생했다. 2008년 모래 채취 허가 이후 고등어 등 어획고가 격감했다는 분노를 담은 사상 최초의 대규모 어선 집단시위였다. 역대 최저의 어획고로 고통받는 수산인들로서는 무분별한 바닷모래 채취가 물고기들의 산란장을 황폐화시키고 회유경로가 바뀌는 등 바다 생태계를 교란시키는 주범이라고 주장했다.

반면 육지의 모래 채취가 지자체들의 규제로 어려워진 건설업계로서는 값싼 바닷모래의 채취에 목을 매고 있는 상황이었다. 나한테도 국회 농해수위원장 시절부터 많은 청탁과 민원이 있었다. 내 공식 답변은 값싼 국내산 바닷모래에 의존하여 난개발을 하지 말고 해외 모래를 수입하거나 육상에서 대체 자원을 확보하라는 것이었다. 이는 대부분의 선진국들이 시행하고 있는 정책이다.

하지만 건설자재업계에서는 해사 채취를 못하게 되면 건설대란이 일어나거나 건설비 원가의 급격한 상승으로 큰 문제를 야기할 것이라고 겁박하였다. 하지만 그런 압박 때문에 육지에서도 환경 파괴를 이유로 못하게 막은 모래 채취를 바다 어장을 황폐화시키면서 무분별하게 허용해 줄 수는 없는 노릇이었다.

바닷모래 채취사업의 인허가권은 국토교통부가 쥐고 있고 해수부는 협의 대상 정도여서 권한은 없는데 책임은 뒤집어쓰는 결과도 예상되었다. 다행히 국토교통부 김현미 장관이 내 입장을 생각해 최대한 해수부와 수산인들의 요구대로 협상을 진행해 주었다. 양 부처의 최종 합의는 바닷모래 채취를 공공사업용으로 한정하고 광구별 채취량, 채취 심도 제한 그리고 산란기 채취 금지 등 엄격한 규제 하에 제한적 허용을 하는 것이었다. 바닷모래 파동은 결국 해양공간에 대한 무분별한 이용과 개발에 대한 근본적인 문제의식을 불러일으켜 해수부는 관련 법률의 제정에까지 적극 나서게 되었다. 김현미 장관의 호의는 우리나라의 영해와 배타적 경제수역 그리고 대륙붕까지를 관장하는 법률의 제정에도 반영되었다. 우리의 주권이 미치는 전체 바다와 해저를 어업보호구역, 해양관광구역, 환경생태계 관리구역, 항만항행구역 등 9개 용도구역으로 지정해서 체계적으로 관리하자는 법안이었다. 바다 관리는 지금까지 비어 있었던 입법 미비 공간이었다. 해수부 간부들은 이 법의 제정에 의욕을 가지면서도 국토교통부의 반대를 우려하고 있었다. 기존에 해양까지 포함하는 국토 전체의 관리계획 주무부처인 국토부로서는 해수부가 자신들의 영역을 침범해서 추진하는 듯한 이 법안에 적극 반대할 거라는 걱정이었다. 하지만 그것은 기우에 불과했다. 김현미 장관이 흔쾌하게 동의해 줌으로써 해양공간계획법은 일사천리로 진행되어 2018년 4월에 제정 공포되었고, 1년의 경과기간을 거친 뒤 발효되었다. 그 법률의 이름은 〈해양공간계획 및 관리에 관한 법률〉이다.

어촌뉴딜300사업
의
시작

〈어촌뉴딜300사업〉은 우리나라 연안과 도서 지역의 작은 항포구 300개의 선착장과 편의시설 등을 확대, 정비해 주는 사업이다. 이 일은 전적으로 내 아이디어로부터 출발해서 진행되었다. 한국의 항포구 중에서 중앙정부가 관리하는 국가어항이 113개소이다. 어촌뉴딜사업은 이런 국가어항을 제외하고, 광역지자체가 관리하는 지방어항이 290개소, 기초지자체가 관리하는 어촌정주어항 627개소와 거기에도 끼지 못하는 소규모 항포구들(1270개소, 2020년 기준)을 대상으로 진행하는 사업이다.

내 문제의식은 '선진국의 해안 소도시 항구나 어항에 비해 우리나라의 지방 항포구들은 왜 그리 낡고 초라한가'라는 의문에서 시작되었다. 나는 사적 여행이든, 공적 출장이든 외국에 가게 되면 가급적 그 도시의 뒷골목이나 시골지역을 가 보길 즐겼다. 그런 중 들렀던 해외의 항포구들은 규모가 작더라도, 혹은 시골이라 하더라도 잘 정비되어 있었다. 어선뿐만 아니라 작은 요트, 보트들이 즐비하게 정박해 있어 활력이 느껴졌고 참 보기도 좋았다. 반면 우리나라 연안과 도서지역의 작은 항포구들은 거의 대부분 선진국의 그것들에 비해 너무 낙후되어 있었다. 심지어 그 마을의 어선조차 정박할 계류시설이 없어 대충 긴 줄로 묶어 놓고 승선할 때 줄을 잡아 당겨 배에 오르는 곳도 많다. 그러니 외부에서 오는 배들이 그 어촌에 정박, 체류하는 일이 어찌 가능하겠는가? 가뜩이나 자리가 없으니 어민들이 외부 배를 못대게 하기 십상이다.

언젠가 인천 영종도의 왕산마리나를 시찰 방문한 적이 있었다. 한강 하구가 휴전선으로 막혀 있는 서울로서는 외해와 바로 연결되는 가장 가까운 요트 마리나$_{marina}$이다. 그곳에서 어느 요트 선장으로부터 들은 이야기다. 제주도를 향해 왕산을 출항한 요트가 제대로 항해의 맛을 느끼려면 연안을 벗어나 외해를 달려야 하는데, 흑산도쯤 가기 전에는 정박할 항포구가 없어 애를 먹는다는 것이다. 그렇다고 충청남도 연안에 접근해도 그럴듯한 요트 마리나가 있는 것도 아니고 어촌 포구에서는 문전박대 신세다. 하는 수 없이 격렬비열도 부근 바다에 닻을 내리고 쉬는 경우도 있다면서 등산으로 치면 '비박'을 하는 셈이라고 한탄하는 것이었다.

이런 실정에서 어떻게 해양관광이나 수산가공업 같은 어촌경제가 활성화될 것이며 인구가 감소하지 않도록 지역 정주 여건이 마련될 수 있겠는가? 2017년 말 시점에 나는 이런 지방 항포구들을 관할권이 있는 지자체들의 책임 하에 제대로 개선, 정비하자면 시간이 얼마나 걸리겠는가 물어본 적이 있다. 그때 해수부 담당 공무원들은 어촌을 낀 대다수 지자체들의 재정 여건상 아마도 30~40년은 족히 걸릴 것이라고 대답했다. 내가 이런 낙후된 지방 항포구들을 현대화하자는 아이디어를 내니 해수부의 간부들은 그 성사 가능성에 대해 부정적인 의견 일색이었다. 골자는 이러했다. 지방자치단체 관리 시설에 대해 중앙정부가 관여할 문제가 아니며, 설령 해수부가 안을 내더라도 최종적으로 예산권을 쥔 기획재정부가 동의해 줄 리 만무하다는 것이었다. 간부들이 난색을 표하고 그 논리가 틀린 것도 아니어서 실무 작업을 진척시킬 추진력이 생기질 아니하니 나 역시 난감했다.

그렇게 몇 개월이 지난 후 물꼬는 뜻밖의 곳에서 우연히 터졌다. 청와대 장하성 정책실장 초대로 해수부 고위 간부들이 몇몇 수석비서관들과 식사를 하는 자리였다. 식사 도중에 내가 2008년에 나온 뮤지컬 영화 〈맘마미아〉 이야기를 꺼냈다. 케이블 TV에서도 곧잘 재방영을 하여 본 사람들이 꽤나 많은 영화였다. 그리스의 작은 섬에 사는 옛 연인의 초대를 받고 찾아간 세 남자와 모녀를 둘러싼 줄거리다. 나는 그들에게 영화 스토리를 말한 게 아니라 그 섬에 도착하는 장면부터 영화 중간중간 등장하는 섬의 선착장과 부잔교 이야기를 했다. 그리스는 작은 섬에도 저런 시설을 갖춰 놓고 육지에서 찾아가는 배들이 불편 없이 정박하게 하는데, 그래서 섬 관광이 활성화되는데, 우리는 그런 모습을 그저 부럽게 바라만 본다고 말이다. 정부가 나서서 이런 사업을 해 보자고 아이디어를 내도 공무원들이 중앙·지방정부의 영역 문제를 들어 어렵다고 하니 답답하다는 심정도 피력했다. 이런 논리를 펴면서 진지함을 더했다.

"어촌뉴딜300사업 구상은 이런 것입니다. 1개소당 30억 정도의 예산을 들여 작은 생활밀착형 SOC 300개를 건설하는 것입니다. 지금까지 대한민국은 고속도로, 고속철도, 국도, 다리 등 대형 인프라를 많이 건설했고, 그건 이제 선진국을 능가할 만큼의 수준입니다. 이제 생활밀착형 SOC를 추진할 때입니다. 이런 작은 인프라 건설은 실제 지역주민들의 일상적 삶의 질을 높일 것이고, 거기 투입되는 재정도 대형건설사가 아닌 지역중소기업들에게 돌아가 지역에 선순환 되도록 할 수 있습니다. 일석삼조의 사업입니다"

그런데 뜻밖에 정책실장을 비롯해 여러 사람들로부터 괜찮은 아이디어라는 호응과 공감의 발언이 이어졌다. 심지어 왜 진작에 말을 안했냐는 힐난도 있었다. 9월 정부 예산안 제출 전에 말했으면 계획에 사전 반영할 수 있었지 않느냐는 것이다. 그렇지만 아무리 장관이라도 부하 직원들도 설득시키지 못하면서 무조건 위에서 밀어붙일 수는 없다는 게 내 마음이었다. 또 그래서는 억지춘향식으로 일은 진행되겠지만 담당 공무원들의 공감과 확신 속에 추진하는 일과는 성과에서 큰 차이가 날 수밖에 없다는 것이 내 생각이었다. 하여튼 그 자리에 참석했던 해수부 간부들도 이 사업이 영 터무니없는 망상이 아니라 성사될 수도 있겠구나 하는 가능성을 느낀 출발점이 되었다.

그다음 날부터 해수부는 간부들의 의욕적인 독려로

실무 기안 작업에 착수했다. 내 처음 구상은 소박했다. 우리나라에 여객선이 운항하는 항포구가 약 150개소 정도이다. 여객선이 가지 않는 어촌마을에도 포구는 많이 있고 이런 곳일수록 시설은 더 열악하다. 그래서 우선 여객선 운항지 포함해서 300 군데 만이라도 평균 30억 정도를 들여 선착장을 보다 안전하고 튼튼하게 재정비하자, 기왕 있는 접안시설에 부잔교 정도라도 붙여 배를 더 정박할 수 있게 만들어 주자는 정도의 작은 욕심을 내어본 것이었다. 사실 30억이라는 액수는 기재부를 설득하기 위한 최소 예산이었다. 그래도 300곳이면 총 1조 원의 신규사업을 만들어 내는 것이고 그마저도 기재부의 동의가 쉽지 않을 거라 예상해서 최소 금액으로 시작해 본 것이다.

그런데 완성된 실무안을 들고 만난 기재부장관 김동연 부총리는 좋은 기획이라면서 오히려 더 적극적이었다. 한 군데 평균 30억 원은 너무 적지 않느냐는 것이었다. 맞는 말이었다. 접안시설을 새로 건설한다든지 하면 30억 원으로는 턱없이 부족한 금액이었다. 결국 예상밖으로 적극적인 자세의 기재부와 최종 협의 결과 1개 소당 평균 100억 원, 4개년에 걸쳐 300

곳, 총 3조 원의 사업 규모가 확정되었다. 원래 청와대 장하성 정책실장과 김동연 부총리는 사이가 안 좋기로 소문나 있었는데 이 사업에 대해서만큼은 혼연일체가 되어 도와 주었다. 지금도 감사한 마음이다.

어촌뉴딜300사업
의
전
개

어촌뉴딜사업은 바다를 낀 지방자치단체들로서는 획기적인 사업이고 두 번 다시 오기 힘든 기회였다. 그때까지 지자체가 관리하고 있는 지방어항급 이하의 항포구 개선사업은 거의 지방의 책임이었다. 지방정부의 자체 재정이나 중앙정부가 내려주는 균형발전특별회계에서 자체 판단으로 예산을 배정하는 수밖에 없었다. 그런데 해안선이 길고 섬이 많아서 항포구 숫자가 많은 지자체의 경우 한 곳당 최소 수십억, 많게는 수백억 원 이상의 예산이 들어가는 개선사업에 엄두가 나지 않는 것은 당연한 일이었다. 더욱이 국비 지원사업이라도 지방비 매칭이 필수적인데 보통 50%만 지원되는 국비가 이번 어촌뉴딜사업처럼 70%까지 지원되는 경우는 드물었다. 그래서 지자체마다 이 사업에 큰 기대를 걸고 경쟁적으로 공모 신청을 하는 것이다.

이 사업을 추진하기 위해 해수부에는 기획조정실장 밑에 어촌뉴딜기획TF가 만들어져 부이사관급 과장이 실무 책임을 맡았다. 실무진이 만들어온 최초의 기획안에는 사업대상지 공모 심사 배점 기준에 서류심사가 100점 만점에 90점, 현지 실사 점수가 10점으로 돼 있었다. 물론 신청 서류 안에 사업의 필요성과 기본계획, 지자체의 향후 운용 계획, 주민참여도 등 모든 사항이 다 기재되겠지만 그래도 서류 만으로 결정되는 과도한 배점은 곤란하다고 생각했다. 사업지 선정을 하는 데 있어서 내 최대의 고민은 이 사업이 해당 어촌의 지속적인 발전에 도움이 되어야 한다는 점이었다. 그 관건은 살기 좋은 지역 만들기에 대한 주민들과 지자체의 주체적 의지 및 구체적 미래 설계 여부라고 판단하였다. 그래서 나는 실무진에게 현지 실사 점수의 배점을 30점으로 검토하도록 지시했다. 하지만 토론 결과, 사업신청 서류들 안에 해당 요소들도 많이 반영된다는 실무진의 의견을 받아들여 해당 배점을 20%로 하는 정도로 타협(?)했다.

그런데 지금은 이 현장실사 점수의 배점이 40점으로 격상됐다. 처음 시작 단계에서는 공무원들이 일해온 관성이 많이 작용했다면 이제는 제도 자체가 구체적 현실과 부딪히며 현장성을 계속 수용, 발전하고 있는 것이다. 지난 수년 간 해수부 직원들이 자체 평가와 함께 외부 전문가들의 의견과 현지의 요구를 받아들이면서 대상지 선정의 기준과 사업관리 방식이 발전해온 덕분이다. 우선 사업비 중 30%의 지방비에서 광역자치단체가 30% 이상을 부담하게 돼 있는데 그들에게도 소속 기초자치단체들이 요청한 사업들에 영향력을 미칠 수 있도록 5점의 심사 점수를 부여했다. 또 어떤 지자체들은 관리 능력을 따지지 않고 기존에 진행하고 있는 사업들이 있음에도 불구하고 또 추가 사업을 신청하는 경우가 있다. 그런 경우 이미 진행 중인 사업의 진척도가 원래 사업계획서보다 더 딜 경우 신규사업 심사에서 감점을 주는 조항도 신설되었다.

어촌뉴딜300은 사업신청시 중요한 전제 조건이 있다. 바로 지역협의체 구성이 선행되어 그 논의 결과로 사업신청서가 제출되어야 한다는 조건이다. 그 협의체는 지역주민, 외부 전문가, 공무원 등으로 구성된다. 사업 성공의 관건은 무엇보다 지역 주민의 의지와 역량인데 그중에서도 주도적 인물들이 있는가, 사업을 뒷받침할 인적 자원들이 있는가 하는 것이다. 그런 점에 착안하여 심사 배점에서도 마을의 개방성에 2점 가점을 줄 수 있도록 설계되었다. 계속 노쇠해져 가는 어촌마을에 아무리 인프라를 깔아놔도 마을 발전은 공염불이 되기 십상이다. 그래서는 비어가는 마을에 새로운 활력을 만들어 낼 수 없다. 이촌은 폐쇄적이다. 농촌보다 더 폐쇄적이다. 어촌계를 중심으로 어로 등 경제행위가 이루어지기 때문이다.

그런데 이 '어촌계'라는 곳이 마을앞 어장에 대한 권리를 배타적으로 행사하기 때문에 가입하기가 무척 어렵다. 가입비가 고액이고 가입예비기간도 길다. 어촌계원이 아니면 어로활동을 할 수 없다. 그래서 현재 어촌계 소속 어민들은 권리를 보장받을 수 있는 반면 귀어귀촌 희망자들의 진입 장벽은 농촌보다 훨씬 높다. 한편 이해가 되기도 하지만, 그래서 어민들이 더 잘 살고 궁극적으로 마을이 유지 가능하냐는 것이다. 대부분의 경우 불가능하다. 지역소멸지수라는 게 있다. 당연히 도시＜농촌＜어촌의 순서다. 어촌 중에서도 섬마을이 가장 높다. 쉽게 짐작할 수 있듯이 대부분의 어촌마을은 고령화와 인구감소로 지역소멸을 걱정해야 하는 상황이다.

하지만 예외적으로 잘되는 어촌마을도 있다. 화성 백미리나 양양 수산리 같은 어촌이다. 그 비결은 첫째 어촌계의 문을 활짝 개방한 것이다. 백미리 같은 경우는 마을에 살 집이나 집 지을 땅만 있으면 계원 자격을 준다. 그래서 상주 인구가 늘었다. 새로이 유입된 젊은 주민들은 각종 체험시설이나 공동작업장에서 일을 한다. 그러면서 자기만의 어업에도 도전하는 준비를 할 수 있다. 이런 일을 가능케 한 힘은 지역에 애정을 가진 지도자와 주민들의 콜라보(협업)다. 결국 젊은 청장년들에게 마을을 개방해야 어촌의 미래가 열린다. 해수부가 마을의 개방도 여부에 가점을 주는 이유이다. 2점이면 어촌뉴딜사업 선정 여부를 결정지을 수 있는 큰 점수이다.

사업의 개시는 2018년 9월 지자체 공모부터 시작되었다. 전국 143개 항포구가 응모하여 서면평가, 현장평가, 종합평가를 거쳐 최종 70곳을 선정했다. 해당 지역구 국회의원들로부터 청탁 민원이 빗발쳐 정기국회 회기를 치러야 하는 간부들의 운신이 곤란할 지경이었다. 나는 관련 국회 상임위 위원장으로부터 자기 지역구 사업지 선정에 협조하지 않는다고 욕을 먹기도 했다. 하지만 지금 생각해도 공정해야 할 심사과정에 그가 심하게 억지를 부린 일이었다. 그다음 해인 2019년에는 120개소로 사업대상지를 늘렸다. 2020년 세 번째 사업공모에는 3.9대 1의 경쟁률로 263개 어촌이 신청해 60군데를 선정했다. 그리고 마지막인 2021년 공모에서 50개소를 선정한 사업을 끝으로 모두 300군데의 항포구 개선 사업이 마무리된다. 마지막 공모에서도 187개소가 신청해 3.74대 1의 경쟁률을 기록하면서 지자체들의 갈증은 계속되었다.

어촌뉴딜300의 최초 사업 준공식이 2021년 4월에 전남 신안군 만재도에서 거행되었다. 만재도는 흑산도에서도 40km나 떨어져 있는 외딴섬인데 몇 년 전 '삼시세끼'라는 TV 프로그램 방영으로 유명해진 곳이다. 과거에는 목포에서 출항하는 여객선이 다른 섬들을 들러들러 오느라 5시간40분이 걸렸다고 한다. 그나마도 이 섬에는 선착장이 없어서 작은 종선으로 갈아타고 상륙하는 불편함을 겪어야 했다. 만재도 사업은 접안시설 확장과 경사식 선착장 건설, 걷는 둘레길 정비 등에 약 77억 원의 예산이 투입되었다. 현재 80명의 주민이 살고 있는 만재도 사업 준공식에서 주민들은 사람이 거주한 지 400여 년 만에 처음으로 여객선이 접안했다며 감격의 눈물을 흘리기도 했다는 후문이다. 선착장 개통 후 목포에서 만재도행 직항노선이 하루 1편 생겨 이동시간이 2시간 10분대로 단축되었다니 어촌뉴딜사업을 시행한 보람이 크다.

2021년 9월에는 평택시청에서, 11월에는 무안의 전남도청에서 내게 감사패를 주는 행사가 있었다. 지자체들로서는 지금껏 엄두를 못내고 있었는데 획기적인 사업을 기획하고 추진해 줘서 정말 고맙다는 시장, 도지사님들의 뜻이었다. 전라남도 수협조합장 협의회 회장, 어촌계협의회 회장님들에게서도 감사패를 받았다. 전라남도는 우리나라에서 해안선이 가장 길고 섬이 제일 많은 지역이다. 그다음은 경남, 충남이다. 어촌뉴딜사업의 혜택을 가장 많이 보는 순서이기도 하다. 지금까지 총 300곳 중 전남이 98곳, 경남이 57곳, 충남이 33곳 선정되었다. 완공 1차년도인 2021년까지 전국에서 37곳이 완공될 예정이다. 2024년에는 모든 사업지들의 공사가 완공될 것이다.

이 어촌뉴딜사업을 설계하면서 내가 꿈꾸었던 모습은 무엇이었을까? 어떤 어촌마을이라도 사람과 화물이 드나들 수 있는 선착장을 가져야 한다. 그리고 그 마을 주민들의 배뿐 아니라 외지 방문자의 선박도 정박할 수 있는 접안시설을 갖는다. 선착장과 접안시설이 있어야 바다에 비로소 길이 생긴다. 길은 육지와 바다가 다르다. 육지에서는 도로가 닦이면 그게 길이지만 바다에서는 그런 유형의 길이 없는 대신 항포구에 배를 댈 수 있어야 비로소 길이 만들어진다. 마냥 바다만 떠도는 배는 아무 의미가 없기 때문이다. 거기에 마을 안팎의 편의 시설과 생산 및 지원시설, 그리고 길 만들기 등을 결합하는 것이 어촌뉴딜사업의 기본 개념이었다. 이런 기초가 있어야 어촌 주민들도 살 만한 주거여건이 마련될 것이고 외부인들도 그 마을을 자유롭게 드나들 수 있게 된다. 그래야 관광도, 다른 경제활동도 활발하게 일어날 수 있지 않겠는가?

어촌뉴딜

시즌

2

어촌뉴딜사업은 3조 원의 예산이 들어간 사업이다. 이제 기존 사업에 대한 평가계획을 세워야 한다. 잘한 것은 잘한 대로, 문제가 있었다면 또 있는 그대로 엄정하게 평가를 해야 차후 동일한 오류를 반복하지 않는다. 그렇게 평가 과정을 거치면서 어촌뉴딜사업의 '시즌 2'를 준비해야 한다. '시즌 1'은 300개 어촌의 기본 인프라를 정비하는 사업이었고, 이것은 단지 출발선이었기 때문이다.

우선 사업기획, 선정 기준의 적절성, 진행 과정 관리를 제대로 평가해야 한다. 지난 3년간 이런 작업은 지속적으로 발전, 진화되어 왔지만 아직 미흡한 부분이 있을 것이다. 완공된 항포구들에 대한 '1년후 평가' 작업을 시작해서 이런 문제들을 철저하게 복기해 볼 필요가 있다. 처음 준비했던 매뉴얼대로 선정이 잘 이루어졌는지, 선정후 사업관리는 어땠는지, 그 과정에서 주민과 지자체와의 소통협력은 긴밀히 이루어졌는지 등을 잘 따져 봐야 한다. 물론 완공 후 성과평가가 제대로 실시되려면 최소한 '3년후 평가'는 돼야 하겠다. 다만 '1년 후 평가'에서 마을 사업을 이끌고 나갈 인적 요소에 대한 점검과 평가는 엄밀히 진행할 필요가 있다. 그것이 기본 인프라를 잘 활용하여 성과를 만들어 낼 핵심 요인이기 때문이다. 이런 평가의 바탕 위에서 어촌뉴딜 시즌 2를 준비해 가야 하는데 확대냐 집중이냐의 큰 방향 설정을 어떻게 하는가가 우선 과제다. 확대는 대상지역의 단순한 양적 확대, 집중은 경제 효과를 중심으로 거점을 육성하고 주변과 연계효과를 극대화하는 전략이다. 현장에서 제기되는 요구는 필경 사업지 확대일 것이다. 1차 사업에서 선정되지 못한 항포구들을 중심으로 추가 사업 확대의 요구가 빗발칠 가능성이 크다.

현재 유인도가 약 450개, 여객선 기항지가 연안 포함 340개 정도이다. 그리고 2021년 마지막 사업 공모에서 탈락한 137개 항포구의 잠재 수요가 있다고 보면 좋겠다. 하지만 추가 요구지의 사업효용성은 1차에 비해 떨어질 가능성이 있다. 지난 과정에서 지자체들도 우선 순위를 따져서 신청을 했을 것이기 때문이다. 그러므로 마냥 확대 중심으로 시즌 2를 기획하는 것은 재고해 볼 여지가 있다. 이제는 목표 숫자를 정해 놓고 하는 기존 방식보다는 사업 필요성 여부를 철저하게 개별 심사한 후 결정하는 것이 더 바람직해

보인다. 이렇게 할 경우 사업 추진의 문은 닫지 않되 부담은 많이 줄어든다.

그렇다면 이제 적극 검토해야 할 방향성은 '집중과 연계'이다. 거점 도시와의 연결성, 주변 어촌들과의 시너지 효과를 고민하면서 전략을 세워야 한다. 어촌 관광이나 현지 생산의 활성화를 위해서도 거점 도시의 허브 역할이 중요하다. 또한 분산 고립된 개별 어촌들만으로는 경쟁력이 없다. 낱낱의 특성과 장점을 잘 조합한 관광클러스터, 수산클러스터, 그리고 이들의 복합형 기획이 필요하다. 그런 점에서 해수부가 올해 본격적으로 도입한 광역사업은 좋은 시금석이다. 거점형이나 복합형의 경우 2단계의 개별 사업 규모가 더 커질 수도 있다. 불가피한 일이다.

현장 실사를 중심으로 정밀한 평가 작업을 진행한 후 어촌뉴딜사업의 새로운 전략 방향을 수립하는 것도 좋겠다. 2단계 사업의 새로운 방향을 제시하면서 다른 한편 1단계 사업지들과의 결합효과까지도 고민하는 전략이다. 이것이 내가 제안하는 어촌뉴딜사업 시즌 2의 큰 골자다.

곽재구 시인의

포구 기행

2018년 여름의 어느 날 세종시의 해수부장관실로 책 한 권이 우송되어 왔다. 곽재구의 〈신포구기행〉이었다. 지은이는 평소 내가 좋아하는 시인이지만 면식은 없는 분이었다. 그런데 어떻게 책을 보냈을까? 우선 제목이 내가 하는 일과도 관련이 있을 것 같아 머리글부터 읽어 보았다. 그런데 일단 시작을 하니 책을 놓을 수가 없어 퇴근하면서 관사로 들고 가 며칠 동안 다 읽어 버렸다. 이 책은 곽 시인이 젊은 시절부터 우리나라의 섬과 작은 포구들을 찾아다니며 마음의 여행을 했던 기록과 그때그때 썼던 시들을 함께 수록한 아름다운 책이었다. 나는 이 책에 깊은 마음의 감동을 느껴 그가 2002년에 출간했던 전작前作〈포구기행〉까지 사서 내처 읽었다.

그러고는 〈신포구기행〉 100권을 구입해서 청와대 수석들과 내각 장관들, 국회 상임위원장들에게 선물로 우송했다. 나중에 정말 따뜻한 책을 잘 읽었다고 여러 사람들이 내게 감사를 표해 선물한 보람이 있었다. 이후에야 출판사에 전화를 걸어 내게 책을 보내준 담당자와 통화를 해 보니 책 내용이 해양수산부와 직접 연관이 있을 것 같아 자기 판단으로 장관실로 한 부 보냈다는 말이었다. 나는 보내줘서 고맙다는 말과 함께 나의 선물 이야기도 전했다. 그로서는 한 권의 선물이 백 배로 커져 우리나라 정치, 정부 지도자 전부에게 전달되었다는 사실이 즐거웠을 것이다.

나는 대학 문학동아리 시절이던 1982년에 곽재구 시인의 신춘문예 당선작 〈사평역에서〉를 처음 접한 이후 따뜻한 서정이 넘치는 그의 시를 좋아했다. 그런데 출판사로부터 이야기를 들은 곽재구 시인이 편지를 보내와서 새로운 인연이 시작됐다. 기회는 금방 다가왔다. 마침 여수에 출장을 갈 일이 있었는데 곽 시인이 근방의 순천대 교수로 계셨기 때문에 연락을 드려 만나게 된 것이었다. 그의 책에도 나오는 순천 와온, 화포마을의 해변길을 함께 걸어보면서 책 속의 이야기와 세상 이야기로 즐거운 시간을 보낼 수 있었다.

지금도 출판사 담당 직원에게 고마운 마음이다. 장관실에 좋은 책을 보내 준 덕분에 곽재구 시인과 인연을 맺을 수 있었다.

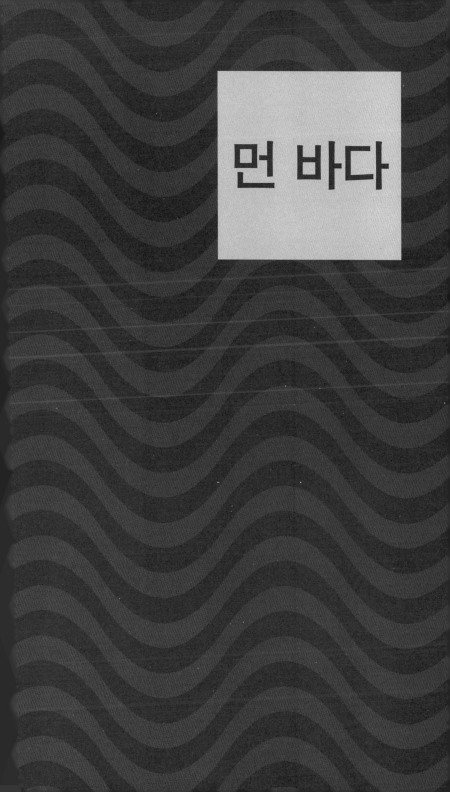

먼 바다

남극 세종기지를 가다

우리나라는 남극에 2개의 기지를 운영하고 있다. 2014년에 세운 '장보고기지'는 뉴질랜드 정남방의 남극대륙에 위치해 있고, 제일 먼저 건립된 '세종기지'는 남미 대륙의 끝에서 가까운 남극 대륙의 입구 킹조지 섬에 있다. 두 기지 사이의 거리는 4,500km이다. 1988년에 세운 세종기지의 준공 30주년 기념식을 현지에서 거행하기 위해 방문단이 구성되었다. 남극과 북극 과학기지들은 해양수산부 산하 극지연구소에서 운영하므로 내가 단장을 맡았다. 해양수산부 장관 시절 남극 세종과학기지를 방문하는 데는 큰 결심이 필요했다. 비행기를 이용하는데도 가는 데 3일, 오는 데 3일 걸리는 지구상에서 가장 먼 여정이기 때문이다.

방문단은 나와 극지연구소장 및 연구원들, 관련 국회 상임위원장들과 정부 여러 부처의 공무원들로 짜여졌다. 취재 기자도 4명이 결합하여 총 28명의 대규모 일행이었다. 우리는 2018년 1월 20일에 인천공항을 출발하여 12시간 30분 만에 파리에 도착, 다시 비행기를 갈아타고 칠레의 산티아고로 향했다. 이번에는 14시간 30분이 소요되었다. 산티아고에서 하룻밤을 묵고는 다음날 남미대륙의 맨 끝에 있는 푼타아레나스라는 도시로 날아갔다. 3시간 30분이 걸려 칠레가 남북으로 긴 나라라는 사실을 실감할 수 있었다. 거기서 또 1박을 한 후 작은 50인승 제트기로 두 시간 거리의 최종 목적지 킹조지 섬에 도착하였다.

포장이 아니라 작은 자갈로 다져진 활주로의 칠레 프레이 기지에 우리 세종기지 대원들이 마중 나와 있었다. 그때가 남극의 한여름이었고 킹조지 섬의 위도가 남위 62도라 기온이 평균 0도 정도로 온화한 편이었다. 반면 같은 시기 남위 72도에 자리잡은 남극대륙의 장보고 기지는 섭씨 영하 10도였으니 위도의 차이에 따라 여름에도 기온 차이가 컸다. 주변에 비행장이 따로 없고 기후조건이 열악한 장보고 기지는 비행기로 착륙할 수 있는 시기가 연중 한 달 정도밖에 되지 않는다고 한다. 그래서 장보고기지 대원들은 세종기지를 서울이라고 부른다는 우스갯소리도 들었다.

일행은 기지에서 준비한 두터운 방수복을 원래 복장 위에 겹쳐 입고 다시 고무보트를 타고 남극해의 파도를 가르며 세종기지로 향했다. 30분 만에 기지가 멀리 보이기 시작하는데 기지 주위의 절벽이 온통 하얀 빙붕으로 장관이었다. 기지대장은 우리 보트를 그 부근까지 몰고 가서 남극의 기온상승으로 일부 빙붕들이 무너지고 있다고 설명했다. 기후변화가 남극에까지 직접 영향을 미치는 현장을 목격한 것이다. 세종기지에서는 여름철이라 70~80명이 인원이 상주하며 연구 활동을 진행 중이었다. 이들이 활동을 하는데 지장이 없도록 숙소동, 연구동, 장비동 등 여러 건물들이 세워져 있다. 남반구의 겨울이 오면 매년 월동대 17명 남짓만 남아서 밤낮의 구분이 거의 없는 동절기 몇 달을 버텨 내며 연구와 기지관리에 최선을 다하고 있다.

기지에 대한 신선식품 보급이나 긴급한 수요 물품은 우리가 들러온 칠레 프레이 기지를 통해 비행기로 공수한다. 그밖에 장기적 예측과 보관이 가능한 물품들은 한국으로부터 극지연구소의 아라온호가 공급을 담당한다. 아라온호는 2009년에 진수된 우리나라 최초의 7천 톤급 쇄빙연구선이다. 1m 두께의 얼음을 깨고 나아갈 수 있고 전후좌우 이동이 가능하며 얼음이 달라붙으면 선체를 흔들어 털어낼 수도 있다. 각종 첨단 조사, 연구장비들이 설치되어 있어 60명의 연구원들이 연구를 수행할 수 있다. 이 배는 1년 중 10개월 정도는 남극지역에 투입되어 연구와 함께 장보고기지, 세종기지에 대한 보급지원을 담당하다가 2달 남짓한 기간만 북극해에 투입된다. 우리나라로서는 북극지역의 기후변화가 미치는 영향이 더 심대한데 아쉬운 대목이 아닐 수 없다. 그래서 해양수산부와 극지연구소는 북극지역의 2미터 이상 해빙을 깨고 더 오래, 더 깊숙이 항해할 수 있는 제2 쇄빙연구선의 건조를 추진하고 있다.

우리는 도착하자마자 기지준공 30주년 기념식부터 거행했다. 문재인 대통령의 영상 축하메시지도 방영하고 유공자에 대한 포상도 했다. 월동연구대의 물품과 대통령을 비롯한 각계각층 국민들의 메시지들을 담은 타임캡슐도 매설했는데 기지 설립 100주년인 2088년에 열어 보도록 되어 있다. 한반도의 60배 크기인 남극대륙은 1959년 체결된 남극조약에 의해 영유권 불인정, 개발과 군사적 이용 등이 금지되어 있다. 다만 과학적 조사연구 활동은 보장되어 있어 각 국가가 경쟁적으로 과학기지를 설치, 운영하면서 향후 자원개발 등의 기득권을 확보하기 위한 노력을 기울이고 있다. 강대국과 인접 국가들은 상시적으로 5~6개의 기지를 운영하는데 조약은 일단 2048년까지 효력이 유지된다.

기념식을 마치고 나서 기지에서 2km 떨어진 펭귄마을을 방문했다. 남극특별보호구역 중 하나로 지정되어 우리 기지에서 관리 중인 이 언덕 위 노상마을(?)은 수천 마리 이상의 턱끈펭귄, 젠투펭귄이 살고 있는 집단 서식지이다. 우리는 도둑갈매기들과 함께 멀찌감치서 구경하다 돌아왔다. 남은 일정은 세종기지에서 기념파티를 한 후 하룻밤을 묵고 다음날 귀국하는 것이었다. 곧 기지식당에서 모든 대원들과 방문단이 함께하는 기념 파티가 열렸다. 그런데 맛있는 김치찌개를 곁들여 이른 저녁식사를 하고 있는 중 뜻밖의 긴급보고를 받았다. 다음날 바람이 세게 불어 비행기 운항이 불가능하다는 소식이다. 그렇게 되면 최소 3일, 길게는 1주일 이상 기지에 발이 묶일 수도 있으니 저녁에 나가는 비행기를 타야 한다는 보고였다. 잠시 고민 끝에 바로 나가기로 결정했다. 안 그래도 장기출장인데 1주일 이상 더 지체할 수는 없는 일이었다. 한데 동행한 카메라 기자들이 불만을 표시했다. 이 먼 남극까지 어렵게 회사의 출장 허가를 받고 거금의 출장비를 들여 왔는데 이렇게 몇 시간 만에 나가버리면 회사에서 욕을 먹는다는 것이다. 하는 수 없이 그들은 남아서 취재를 마저 하도록 하고 우리만 귀로에 올랐다. 아니나 다를까 그들은 우리보다 1주일 뒤에 귀국했다. 한 이틀은 재미있게 취재를 했지만 그 뒤에는 비행기 뜨기만 기다리며 기지에 갇힌 채 감옥생활을 하다 왔다는 것이다.

우리 일행은 푼타아레나스에서 칠레 마젤란 도청, 남극연구소 등을 방문한 후 다시 왔던 길의 역코스로 귀국길에 올랐다. 남극에서의 하룻밤 체류가 수포로 돌아가 아쉬웠고, 길이 너무 멀어 힘은 들었지만 내 평생 다시는 가볼 수 없을 것 같은 귀중한 남극 맛보기였다.

로

꾸

거

세계지도를 걸다

나는 2017년 해수부 장관 취임식장에 '거꾸로 세계지도' 영상을 띄워놓고 행사를 진행했다. 해수부 직원들과 국민들에게 바다의 중요성과 글로벌 해양 경영의 비전을 제시하고 싶었기 때문이다. 우리가 통상 보아왔던 세계지도는 북반구를 중심으로 한 지도이다. 여기에는 거대한 유라시아 대륙과 북미 지역이 크게 강조되고 한반도 남쪽의 바다와 국가들은 왜소하게 표현된다. 북쪽 대륙에 매달린 한반도는 고목의 매미처럼 작은 존재이다. 그러나 한반도를 중심에 놓고 그 지도를 거꾸로 뒤집어 놓고 보면 이야기는 달라진다. 중국과 일본이 한국을 양 옆에서 호위하며 방파제 구실을 하고, 상하이와 큐슈 남쪽으로 거대한 태평양이 활짝 열려 있다. 잘 안 보이던 대양이 눈에 확 다가오는 지도이다.

나는 이 지도를 따로 제작하여 대통령실과 국무총리 그리고 각 부의 장관에게 보냈다. 국회의장과 각 상임위원장들, 그리고 17개 시도 지사들에게도 보냈다. 그 대형지도를 집무실에 걸어놓고 대한민국이 해양국가라는 사실을 잊지 말고 일해 주십사 하는 부탁이었다. 또 그들의 집무실에 오가는 사람들이 거꾸로

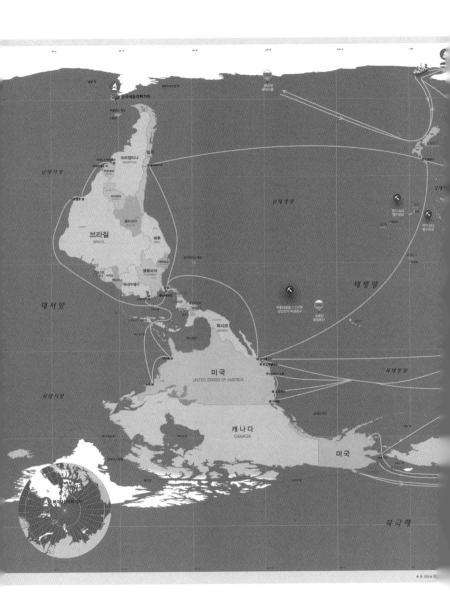

"한반도를 중심으로 놓고
세계지도를 거꾸로 뒤집어 놓고 보면
잘 안 보이던 대양이 눈에 확 다가온다."

세계지도를 보면서 바다의 중요성을 인식하고 꿈을 키워가길 바라는 마음에서였다. 지도의 이미지 파일을 해양수산부 홈페이지에도 올려 누구나 다운로드 할 수 있게 해놓았다. 우리나라는 해양수산부가 별도의 부처로 존재하는 몇 안 되는 나라 중 하나이다. 과거와 현재의 해양대국들인 영국, 프랑스, 미국, 일본, 중국 같은 나라들에는 해양수산부가 없다. 큰 나라 중에는 인도네시아에 그런 부처가 있지만 그 나라는 워낙 크고 작은 많은 섬들로 이루어진 나라가 아니던가?

우리나라에 예외적으로 해양수산부가 존재한다는 것은 우리가 그만큼 바다를 등한시하고 살아왔다는 것을 방증하는 현상이다. 위에 열거한 나라들에 그런 부처가 없는 것은 바다를 경시해서가 아니다. 오히려 그들은 과거부터 바다의 중요성을 잘 인식해 왔고 정부와 사회의 각 방면에 해양중시 문화가 깊이 자리잡고 있다. 미국, 일본, 중국 등 강대국들에는 국가해양전략에 대한 대통령실 혹은 총리실 직속의 위원회가 존재한다. 거기서 각 부처의 해양 관련 이슈를 통합·조정하는 기능을 수행한다. 그래서 굳이 해양수산부가 없어도 되는 것이다. 전통의 해양강국 영국에서는 지금도 선장$_{\text{Captain}}$이 아주 명예로운 호칭이다. 오죽하면 수상과 '캡틴' 중 선택하라고 하면 '캡틴'을 선택하겠다는 말이 있을 정도일까? 영국의 왕자는 의례히 군복무를 하는데 보통 해군장교로 근무한다.

반면 우리는 그런 문화가 없다. 통일신라의 장보고 시대가 막을 내린 이후 우리는 바다와 멀리하는 것이 좋다는 불문율 같은 것에 사로잡혀 왔다. 바다 생활을 천시하거나 어떤 점에서는 두려워하는 문화가 전승돼 온 것이다. 이웃 일본의 해양영토가 지금처럼 확장된 것은 바다를 두려워하지 않고 진출했기 때문이다. 삼국시대부터 바다를 건너 무시로 한반도를 들락거렸던 일본은 일찌감치 부산과 거제도에서 불과 50km 밖에 안 떨어진 대마도를 점유하고 주민들을 거주시켰다. 그 결과 지금 우리의 부산 기점 영해는 다른 해역처럼 12해리가 아니라 불과 3해리(약 5.5km)로 좁혀졌다. 부산의 낚시 어선이 먼 바다로 못 나가는 이유이다.

또한 대마도 너머 대한해협의 넓은 바다는 일본의 내

해가 되어버렸다. 국가안보에도 심대한 악영향을 미치는 이런 결과를 왜 우리 조상들은 방치했을까? 통탄할 일이 아닐 수 없다. 심지어 일본은 19세기 중엽인 도쿠카와 막부 말기 시절에도 중앙정부 수준이 아니라 큐슈 최남단의 지방번인 '사츠마'(지금의 가고시마) 군사들이 배를 타고 800km나 떨어져 있는 오키나와 왕국을 침공, 병탄했다. 이로써 일본은 북태평양 서부의 제해권을 장악하는 데 중요한 전략적 교두보를 확보한 것이다.

대한민국은 사실상 섬나라다. 휴전선에 가로막혀 사람과 물자가 일절 오갈 수 없으므로 북쪽은 바다보다 못한 봉쇄 장벽이다. 그러니 지금으로서는 섬나라보다 더 못한 처지이다. 우리는 모든 대외교역을 해운과 항공으로 해결할 수밖에 없다. 육로는 없다. 그렇다면 운송 수단별 비중은 어떨까? 당연하게도 대한민국 수출, 수입 화물의 99% 이상은 선박을 이용해서 운반된다. 전부 우리나라 선박이 담당하는 것은 아니다. 한국 선대가 맡고 있는 비중은 불과 30% 수준이다. 이런 수치는 장차 우리 해운산업의 성장 가능성이 어느 정도 더 있다는 전망을 보여준다. 더 중요한 것은 대한민국이 무역국가라는 사실이다. 지난 몇 년 동안에도 국내총생산에서 수출입이 차지하는 비중이 60~70% 수준에 이른다. 무역으로 먹고사는 나라에서 해운과 항만물류 관련 산업은 신체의 혈맥과 같다. 동맥과 정맥 없이 유지되는 인간의 몸이 있을까?

우리는 과거 일상적인 시기에 그런 무역이 저절로 이루어지는 것처럼 둔감했다. 그래서 정부의 경제부처와 공공 은행들이 모여 국내 최대 해운선사 한진해운의 해체를 결정하기도 했다. 하지만 최근 코로나19 사태로 물류대란이 일어나면서 수출기업들이 선박을 못 구해 발을 동동거리고 엄청난 추가 비용을 지출해야 하는 사태를 보면서 비로소 해운의 중요성을 알게 되었다. 국적 해운선사의 중요성을 절감한 것이다. 지난 수년 간 문재인 정부가 추진한 해운재건 투자가 결실을 맺어 이런 물류위기에 일부라도 소방수 역할을 할 수 있게 된 것은 천만다행한 일이다.

또한 바다는 지구 생태계 유지와 미래 자원의 확보를 위한 보고이다. 대한민국은 남극대륙에 세종기지와

장보고기지, 북극권 스발바르 제도에 다산기지 등 과
학기지들을 운영하고 있고 태평양과 인도양의 심해
에서 코발트, 망간 등 자원을 탐사하고 발굴하기 위
한 광구를 확보하였다. 이렇듯 바다를 통해 연결된
지구촌 전체가 대한민국의 활동 무대이고 우리는 그
런 활동을 통해서 살아가면서 국가를 발전시켜 나가
야 한다. 앞으로 학교 교실에서부터 산업 현장에 이
르기까지 해양강국의 꿈을 함께 꾸는 데 '거꾸로 세
계지도'가 널리 애용되면 좋겠다.

발트해의

　　도시들

2007년 스칸디나비아 지역에 갔을 때의 일이다. 스웨덴의 스톡홀름에서 바사박물관_{Vasa Museum}을 방문해 보고 그곳에서 핀란드의 헬싱키까지 밤새 항해하는 대형 여객선을 타보면서 발트해라는 바다에 대해 생각해 보게 되었다. 그 박물관은 1628년 스톡홀름에서 첫 항해에 나서자마자 침몰했던 전함 바사호를 333년 만인 1961년에 인양하여 전시한 해양박물관이다. 17세기 당시 스웨덴은 발트해의 신흥 강국으로 부상하며 과거의 지역 강국이던 덴마크, 폴란드 등과 치열한 전쟁을 벌이던 구스타브 2세가 통치하던 때였다. 바사호도 아마 그런 전쟁을 수행할 목적으로 건조된 전함이었으리라.

그런데 발트해를 둘러싼 과거 무역 관계나 지정학적 교두보를 둘러싼 전쟁들의 배경을 이해할 수 있게 된 것은 2016년 코펜하겐을 방문했을 때의 일이었다. 코펜하겐은 덴마크와 건너편 스웨덴 사이의 좁은 외레순 해협에 바로 면해 있는 항구도시다. 한 나라의 수도가 왜 이리 국토 끄트머리에 있을까 하는 의문은 과거 역사를 알면서 해소되었다. 덴마크는 지금은 인구가 580만 명으로 작은 나라지만 중세와 근세 초기까지는 발트해 지역의 절대 강국이었다. 해협 건너편 스칸디나비아 반도의 스웨덴 땅 일부와 노르웨이 지역까지 차지하고 있었기에 당시에는 코펜하겐도 그렇게 외진 입지가 아니었던 것이다. 외레순 해협의 목줄을 쥐고 발트해와 북해를 오가는 선박들에게서 통행료를 걷던 시절, 코펜하겐은 덴마크의 으뜸가는 전략적 요충지였다. 현재 세계 최대의 선사는 머스크 MAERSK 라인인데 본사가 코펜하겐에 있는 덴마크 기업이다. 웬 덴마크? 하기 쉽지만 머스크의 해운 DNA는 이렇듯 오랜 역사 속에서 성장해 온 것이다. 해협의 가장 좁은 지역에 위치하며 그 옛날 통행세를 징수하던 코펜하겐 북쪽의 헬싱외르는 셰익스피어의 희곡 〈햄릿〉의 배경이 된 크론보르 성으로도 유명하다. 스웨덴과 덴마크는 이 해협의 통행세와 지역 주도권을 놓고 여러 차례 전쟁을 치렀다. 그 승자는 스웨덴이었다. 17세기 중엽 스웨덴은 외레순 해협 통행세를 면제받았고, 1812년에는 노르웨이를 점령하여 100년 가까이 그곳을 지배하기도 했다.

코펜하겐과 스웨덴 쪽의 항구도시 말뫼 사이는 외레순 해협을 가로지르는 대교와 해저터널로 연결되어 있다. 두 항구는 나라가 다름에도 불구하고 하나의 항만공사가 통합운영을 하고 있는 점이 특이하다. 말뫼는 과거 융성했던 조선산업이 쇠퇴하면서 조선소 도크의 골리앗크레인을 단돈 1달러에 우리나라 현대중공업에 매각했던 아픈 역사를 갖고 있는 곳이다. 이른바 '말뫼의 눈물' 사건이다. 하지만 지금 말뫼는 아주 혁신적인 생태도시, 연구개발 도시로 거듭났다. 유엔 산하 세계해사대학(대학원 과정)도 여기에 있다.

발트해의 제해권을 둘러싼 싸움은 러시아와 스웨덴 사이에도 벌어졌다. 17세기까지는 전통의 강자 스웨덴이 지금의 핀란드를 포함한 발트해의 동쪽 연안 전체를 사실상 지배하면서 러시아의 발트해 진출을 성공적으로 봉쇄했다. 이런 봉쇄 상태를 깨고 스웨덴의 패권을 무너뜨린 인물이 바로 러시아의 표트르 대제이다. 표트르는 스웨덴에 짓눌려 있던 덴마크 및 폴란드와 동맹을 맺고 대북방전쟁을 개시해 스웨덴을 제압했다. 그 결과 러시아는 1703년 발트해 연안으로 진출하여 해변 늪지대였던 상트페테르부르크를 새 수도로 건설하고 막강한 발틱함대를 육성함으로써 해양 강국의 길을 열 수 있게 되었다. 상트페테르부르크에 나는 두 번 방문할 기회가 있었다. 한 번은 2007년의 여행 때 핀란드의 헬싱키에서 열차편으로 8시간 걸려 도착했다. 1917년 볼셰비키 혁명 전야에 레닌이 귀국하면서 탔던 그 열차 노선이다. 하필 우리가 탄 기차 이름도 '레닌호'였다. 또 한 번은 2016년이던가, 이곳에서 열린 독립국가연합 합동 의회 행사에 한국 참관 대표단의 일원으로 가 본 적이 있다. 두 번 다 1박 2일 정도의 아주 짧은 체류라 많은 곳을 보진 못했으나 세계 3대 박물관의 하나로까지 꼽히는 에르미타주 박물관과 공산혁명의 도화선이 되었던 크론슈타트 요새 방문은 러시아제국과 소련연방이 모두 무너진 지금 남다른 감회를 불러일으키는 역사의 현장들이었다.

2018년 6월 폴란드의 발트해 연안 항구도시 슈체친을 방문한 적이 있다. 폴란드가 주최한 '세계 해사의 날' 기념행사에 참석하기 위해서였다. 이 도시는 옛날에는 스웨덴령이었고 러시아가 대북방전쟁에서 스웨덴에 최종 승리하면서 맺은 1720년의 스톡홀름 조약으로 프로이센에 넘어간 지역이었다. 그래서 도시의 아담하고 예쁜 풍경이 독일 지방 도시를 많이 닮아 있었다. 나중에 비스마르크 전기를 보니 이 주변에 그의 영지가 있었다는 것도 알게 되었다. 슈체친은 독일 영토였다가 2차 세계대전 패전으로 폴란드에 넘어갔다. 그래도 독일과 붙어 있어 나는 베를린 테겔공항을 통해 육로로 들어갔다. 베를린에서는 차로 2시간, 바르샤바에서는 5시간 이상 걸리는 거리에 있다.

북해에서

내가 북해 바다를 처음 본 것은 오래전 노르웨이 서해안의 피오르 지역을 여행했을 때였다. 아름다운 피오르 해안의 풍경에 감동하면서 그 절경 지대의 개발을 최대한 억제하는 노르웨이 국민들의 높은 의식에 찬탄했던 적이 있다. 한편 저 멀리 북해 바다에서 생산되는 원유와 그 수입을 쓰지 않고 비축해 둔다는 국부펀드의 존재도 부러워했다. 그런데 2018년 10월에는 오직 한 가지 이유 때문에 노르웨이의 북해 바다를 찾았다. 바로 해상 연어양식 플랜트를 방문하기 위해서였다. 나는 한·EU 정상회담 부속 행사를 기회로 삼아 하루 먼저 출발하여 노르웨이의 트론헤임으로 날아갔다. 암스테르담 경유편이었다.

노르웨이는 수산 선진국이다. 특히 연어 양식에 있어서는 타의 추종을 불허하는 세계 1위 국가이다. 한국에 수입되는 연어도 대부분 노르웨이산이다. 노르웨이의 연어는 주로 앞서 말한 피오르 해안 지대에서 양식된다. 그런데 환경 파괴에 대한 여론이 일어나자 북해 외해로 나가서 플랜트 양식을 시도하게 되었고 우리는 그 모델 사업장을 방문하게 된 것이다. 바로 살마Salmar 사의 스마트 바다목장Ocean Farm 이다. 우리나라

연구기관의 양식 전문가들이 여러 차례 견학을 요청했는데 허락받지 못했다는 얘기를 듣고 이번 방문길에 그들도 동행토록 했다.

노르웨이 중북부의 중심도시 트론헤임에서 남영숙 주 노르웨이 대사와 합류하여 함께 길을 나섰다. 그 도시에서 1차선 해안도로를 따라 3시간을 달리고 나서 다시 배로 1시간을 외해로 나아가니 거대한 해양 플랜트의 웅자가 모습을 드러냈다. 직경이 100미터는 넘어 보이는 이 양식시설은 석유시추 플랜트보다는 007 영화에 나오는 악당들의 해상기지 모습을 더 닮았다. 이 양식장에서 수십만 마리의 연어를 키운다. 자동먹이공급, 수중카메라를 통한 생육상태 모니터링, 수질오염과 수온 자동 모니터링 등 첨단의 시설을 갖추고 있었다. 바다의 상태에 따라 해저의 양식가두리를 수직 방향으로 이동할 수 있어 위험에 대처할 수도 있었다. 한마디로 부러울 따름인 이 양식 플랜트의 운영 인력은 단 일곱 명. 모두 억대 연봉자들이다. 이들을 어부라 불러야 될지 자동화시설 오퍼레이터라 불러야 될지 모르겠다. 그 플랜트는 중국 조선소에서 건조해 끌고 왔다는데 각종 설비와 제반

비용을 합쳐 전체 프로젝트 예산이 1억 불에 달한다고 했다. 이런 투자를 할 수 있는 살마가 노르웨이 양식회사 중 매출 4위 정도라고 하니 이 나라의 수산산업이 얼마나 큰 규모인지 짐작할 수 있다.

다시 해안으로 돌아와서 이 회사의 수산물 가공공장을 견학했다. 위에서 유리벽을 통해 아래 작업장을 내려다볼 수 있는 구조였다. 밑에서 돌아가는 컨베이어벨트에는 고등어, 연어 등 생선들이 올려져 있었다. 하얀 가운을 입은 수백 명의 노동자들이 그 생선의 포를 떠서 포장까지 하는 공정이었다. 이 노동자들의 연봉은 노르웨이의 소득 수준에 비추어볼 때 그리 높은 수준은 아니나 아주 외진 시골이라 생활비가 많이 들지 않으므로 큰 불만은 없다고 했다. 노르웨이는 바다로 나가는 어선원의 인건비가 비싸고 사람 구하기도 어려우므로 고등어잡이 어선도 최소 인원으로 조업을 할 수 있게 자동화설비가 잘 돼 있었다. 앞으로 우리도 어쩔 수 없이 벤치마킹해야 할 선행 모델이라는 생각이 들었다.

짧은 노르웨이 방문을 마치고 벨기에 브뤼셀로 가서

정상회담 사전행사로 EU 해양수산 집행위원과 '불법 어업 근절을 위한 공동선언문' 서명식을 하고서는 곧바로 함부르크로 날아갔다. 함부르크는 북서부 독일의 중심도시이자 독일 최대의 항구도시이다. 과거 한자동맹 시절에는 인근의 뤼벡이 발트해를 무대로 중심도시의 역할을 하였으나 이후 서유럽 중심으로 비중이 옮겨지면서 함부르크가 해상무역의 허브가 되었다. 함부르크는 사실 북해에 면해 있지 않고 엘베강 하구 깊숙이 들어와 있으나 선박의 규모가 그리 크지 않았던 과거에는 항구도시의 역할을 훌륭하게 수행해 낼 수 있었다. 지금은 항만 기능이 많이 쇠퇴했다. 그러나 수백 년 번영의 결과 함부르크는 여전히 해양금융을 비롯한 각종 해양서비스산업의 중심지로서 당당히 역할을 하고 있는 도시이다. 나는 그곳의 첫 일정으로 하구의 신항만으로 부두 기능을 넘겨주고 재개발을 진행한 구항만의 하펜시티를 방문했다. 부산항 재개발의 모델 중 한 곳이기도 한데 특히 콘서트홀인 〈엘베 필하모닉홀〉이 인상적이었다. 과거의 거대한 창고를 리모델링하고 그 위에 호텔 등 대규모 건물을 새로 올린 프로젝트로 막대한 예산과 기간이 소요되었다. 많은 논란 끝에 완공되었지만 지금은 재개발 지역뿐만 아니라 함부르크의 새로운 명물로 사랑을 받고 있는 랜드마크 건물이다.

또 하나의 목적지는 이곳에 있는 유엔 산하 국제해양법재판소였다. 그때 재판소 소장은 서울대 법대의 백진현 교수가 맡고 있었는데 한국인으로서는 처음이었다. 백 소장이 언젠가 모국 방문길에 해수부 본부에 들러 꼭 한 번 재판소에 와달라는 요청을 한 적이 있었다. 늦게나마 응답한 셈이 되었다. 우리도 재판소에 꽤 기여금을 내고 있었고 그런 만큼 국제사회에서 대우받는 위치에 올라섰다는 것을 실감할 수 있는 일정이었다.

과거 함부르크의 역할을 대신하여 크게 발전한 항만이 바로 네덜란드의 로테르담항이다. 로테르담은 지금 유럽 항로의 핵심 허브 항만이다. 유럽에 수출을 많이 하는 무역국가 한국으로서는 아주 중요한 도시이기도 하다. 나는 국회 상임위원장 때 그곳을 가 봤다. 로테르담도 원래 강의 하구에서 한참 내륙으로 들어간 옛날식 강항江港이었다. 19세기 중반 유럽 대륙의 안쪽 스위스까지 깊숙이 연결되는 라인강의 하운河運 발달에 크게 의존하여 발전한 항구였다. 함부르크와는 달리 바뀐 시대에서도 항만으로서 새로운 돌파구를 만들어 성공하였다. 바로 '유로포르트'라는 운하를 파서 더 큰 선박을 접안할 수 있게 만들고 넓은 배후 부지도 조성했던 것이다. 그리고 이제는 북해 쪽 바다를 매립해서 새로운 신항만과 벙커링 기지 등을 만들어 유럽의 물류 허브로서 역할을 계속 확대하고 있다.

네덜란드는 프랑스, 영국과 가깝고 독일 및 내륙 국가들의 물류까지 흡수하는 지정학적 이점도 크다. 하지만 중요한 것은 6백년 이상의 과거 역사가 보여줬듯이 끊임없이 도전하고 개척하는 정신과 실용주의가 지금의 네덜란드와 로테르담을 만든 원동력이라는 사실이다. 로테르담과 암스테르담을 방문해 보고 조금만 역사책을 들추어 보면 눈 밝은 이들이 금방 알 수 있는 일이다. 네덜란드는 우리가 배울 게 많은 통상, 첨단 기술 그리고 실용주의의 나라이다.

물의
도시,
　　베네치아

2006년 7월, 나는 로마 공항에서 베네치아로 가는 알리탈리아 비행기에 올랐다. 한·이태리 의원 친선협회 회장으로서 로마에서의 공무는 모두 끝났고 초청자인 이태리 의회가 마련해 준 방문프로그램으로 내가 선택한 곳이 베네치아였다. 중세 지중해의 제해권을 장악했던 천 년의 도시국가, 베네치아 공화국의 흔적을 찾아간 여행이었다. 로마에서 500km, 비행기는 1시간 후 베네치아 마르코 폴로 공항에 도착했다. 그런데 안내자를 따라 큰 여행가방을 끌고 간 공항 택시정류장이 바다의 선착장이 아닌가? 바로 보트택시였다. 아, 내가 물의 도시 베네치아에 온 게 맞구나 하는 것을 절감한 첫 만남이었다.

우리 일행은 수상택시를 타고 산마르코 섬으로 이동했다. 베네치아의 관광 중심지이고 우리가 묵을 호텔도 그곳에 있었다. 오래된 호텔은 엄청 비싼 데 비해 입구와 내부는 너무 비좁고 낡았다. 그래도 객실은 작지만 아기자기 편히 쉴 만한 분위기여서 다행이었다. 체크인을 하고 나서 곧 저녁을 먹으러 다른 섬으로 이동했는데 이곳의 주된 교통 수단은 수상버스와 수상택시, 곤돌라였다. 이 도시는 대부분의 섬에서 차량 통행을 허용하지 않는다. 섬과 섬 사이, 섬 안에서도 배가 이동수단이었다. 요소요소에 건설된 운하가 곧 도로였다. 심지어 구급차 엠블런스도 선박이었다.

가뜩이나 좁은 섬들에 다리를 연결하고 차까지 넘쳐난다면 그것도 큰 난리겠다 싶어 불편함을 참고 전통대로 살아가는 베네치아 시민들이 존경스럽기까지 한 마음이었다. 어떤 수로에서는 보트들이 밀려 한참 기다리기도 했다. 섬이나 운하의 선착장은 수로 한켠에 작게 만들어져 있고 내린 사람들은 좁은 계단으로 올라가도록 되어 있었다. 운하 주변은 모두 건물인데 심지어 주차장처럼 자기 보트를 댈 수 있는 선착장을 가진 집도 있었다. 하여튼 물의 도시라는 말이 어색하지 않게 오랜 역사 속에 체화된 수상문화를 지닌 섬이었다. 부산 같은 항구도시도 교통문제를 해결하기 위해 다리나 터널만 뚫을 게 아니라 이런 수상버스를 도입해 보면 좋겠다 하는 생각이 절로 들었다.

베네치아가 건설된 때는 서로마제국이 멸망한 5세기

후반 이후이다. 로마인들은 이태리 반도를 점령한 고트족들을 피해 그들이 넘어오기 힘든 아드리아해의 연안 섬과 습지대에 들어가 터전을 잡고 살았다. 그로부터 베네치아는 이태리 반도가 외부로부터의 온갖 침공과 내부 도시국가들의 주도권 다툼으로 얼룩졌던 천 년 이상의 세월을 견뎌 내며 해상제국으로서의 영화를 누렸다. 이 도시는 귀족 중심의 공화정체제에 기반한 정치적 안정을 바탕으로 강력한 해군을 육성하여 지중해의 제해권을 장악했다. 그로써 아랍 세계와 유럽 사이의 교역을 담당하면서 막대한 부를 축적했고 이는 다시 베네치아의 흔들리지 않는 국력을 뒷받침하였다.

베네치아는 적어도 바다에 있어서만큼은 중세의 강력한 제국 오스만투르크와의 전쟁에서도 결코 밀리지 않았다. 산마르코 광장 한쪽에 서 있는 두칼레궁은 당시 공화국의 통치를 담당하던 도제(통령)의 궁전이자 정부청사였는데, 이 궁전 벽에 오스만투르크와의 레판토 해전을 그린 대형 벽화가 걸려있는 것이 인상적이었다. 광장 반대편에는 산마르코 성당이 아름답게 우뚝 서 있다. 역시 두칼레궁과 같은 시대에 건립된 베네치아의 상징적인 성당이다. 베네치아 공화국의 종말은 19세기 초 나폴레옹의 이태리 정벌로 인한 것이었으니 무려 1,300년의 역사였다.

이곳에서는 섬 하나하나가 다 구경거리다. 무라노 섬에서는 유리공예 공방에 들어가서 유리병 제작과정을 지켜볼 수 있었고, 어떤 섬은 거의 통째로 성 프란치스코 수도원이 자로잡고 있기도 했다. 이태리 의회 사무국에서 신경 써서 만찬 장소를 골랐다길래 찾아간 곳은 어떤 섬의 호텔이었다. 베니스영화제 초대 손님들이 묵는다는 이 호텔 레스토랑의 야외 정원 테이블에서 식사를 했다. 정장 차림이 아니면 입장이 안 된다고 해서 잠깐 해프닝이 있었다. 가벼운 평상복 차림으로 나선 우리는 하는 수 없이 레스토랑에서 빌려준 엄청나게 큰 재킷을 입고는 우스꽝스러운 자태로 이태리 요리를 즐겼다.

낮이면 관광객들로 북적이는 넓은 산마르코 광장 한 켠에 밤이 되면 노천음악카페가 들어선다. 4인조 악단이 연주하는 음악의 세례 속에 우리는 로컬 맥주 한 잔을 마시며 머나먼 여행지의 여름밤을 즐겼다. 그런데 어느 순간 카페 쪽에 대형스크린이 걸리고 2006 독일 월드컵 준결승전이 중계되는 것이 아닌가? 마침 이태리와 독일의 대결이어서 광장 전체가 떠나갈 듯한 뜨거운 열기로 휩싸였고 이태리가 승리하자 심야의 광장은 밤을 잊은 것처럼 완전히 축제 분위기로 변했다. 유럽이 대부분 그렇지만 이태리 역시 축구의 나라였다. 세계인들이 모여든 베네치아의 산마르코 광장에서도 한순간 증명됐다.

상하이행 피스
　　그린보트

2019년 4월 9일 오후, 나는 여수항에서 오션드림OCEAN DREAM호에 승선했다. 환경재단이 매년 개최하는 동북아시아 그린보트 프로그램 일부 일정에 참가하기 위해서였다. 상하이로 향하는 2박3일의 선상 여정이다. 이 해의 코스는 일본 고베에서 출항하여 여수-상하이-나가사키-제주-부산을 도는 일정이었다. 해수부장관 퇴임을 4월 3일에 했으니 국회로 돌아온 지 불과 1주일이 채 안된 상태였다. 오션드림호는 3만6천 톤급으로 여객 1,400여명, 승무원 550명이 정원이니까 요즘 크루즈선으로는 소형인 셈이다. 원래는 세계일주를 하는 배인데 연중 일정 기간을 일본 회사가 임차해서 동아시아에서 운영을 한다고 들었다. 아, 이렇게도 크루즈선 영업을 하는구나 하고 배우는 기회가 됐다.

한국의 환경재단은 2005년부터 일본의 시민단체인 '피스보트'와 함께 매년 1주일가량 피스-그린보트 프로그램을 한국, 일본, 중국, 러시아, 대만, 베트남 등지를 기항하며 진행해 왔다. 주로 환경, 역사문제에 대한 대화와 교육을 통해 아시아의 평화를 추구하자는 취지의 기획이다. 나는 그해 환경재단에 의해 '선상리더십과정'의 강사로 초대되었다. 이 과정은 주로 한국의 여러 기관에서 나온 공무원과 공공기관 직원들을 대상으로 환경문제에 대한 인식을 높이는 강좌들을 진행한다. 나도 해양플라스틱 문제와 정부의 대책에 대해 강의를 했다. 망망대해를 항해하는 선상에서 진행되는 강좌니만큼 육지에서보다 몰입도가 더 높은 것 같았다.

오후 4시경 여수에서 배에 올랐는데 가랑비가 내리기 시작했다. 승선 30분 후에 안전교육차 모이라고 해서 갔더니 미국과 일본 승무원들이 30분 동안 과하다 싶을 만큼 제대로 비상 탈출 교육과 훈련을 한다. 우리도 세월호 사고 전에 이런 일상적 경각심과 노력이 필요했던 것이다. 이게 정상이고 우리가 비정상이었던 거다. 세월호 사고 이후 많이 개선한다고 했지만 이 배의 승무원들만큼 진지하고 성실하게 안전교육을 시키고 또 승객들이 따라주는가 하는 자문자답을 아니할 수 없었다. 밤이 되자 비바람이 점점 더 거세져서 갑판에서 하려던 출항식이 취소되고 8층 홀에서 간단한 축하식만 가졌다. 바람이 세차니 그 큰 배도 요동을 쳐서 흔들침대를 탄 것 같은 기분으로 비몽사몽 잠을 잤다. 일기가 나쁘니까 안전문제가 더욱 실감있게 다가왔다.

다음날에는 아예 갑판 출입을 봉쇄했다. 덕분에 종일 좁은 배 안에서 왔다갔다하며 하루를 보냈다. 주최 측이 초대한 게스트로 시인 김용택, 소설가 은희경, 제주올레 서명숙 이사장 등 여러분들이 있었는데 모두 나처럼 선상 프로그램의 강사로 온 거였다. 이 중 서명숙 이사장은 그가 시사저널 편집장을 할 때부터 알고 지냈던 대학 선배이기도 해서 많은 대화를 나눴다. 그는 언론사를 퇴직하고 나서 36일 동안 스페인의 산티아고 순례길을 걸었다. 그때의 감동을 살려 고향 제주도에도 도보로 걷는 좋은 길을 만들고자 서원誓願하고 귀향을 결행했다. 그 길을 만들던 초창기에 제주 남쪽 올레길을 걸어보고 여러 번 식사를 함께했던 적도 있었다. 그래도 이 바람 부는 배 위에서 밤을 보내며 나누는 대화는 훨씬 진진했다. 나는 서 선배에게서 문재인 정부로부터 한국관광공사 사장을 제안받고 사양했던 일, 그나마 제주 올레의 경험을 살려 우리나라 관광의 새로운 지평을 여는 데 기여하고자 공사 이사직은 맡았지만, 그게 조선일보에서 코드 인사로 거명되어 속상했던 일도 처음 들었다. 그리고 그분의 선친 고향이 제주도가 아니라 함경북도 맨 끝이라 통일 이전이라도 남북평화올레를 만들어 보고 싶다는 소망을 들으니 내 가슴이 뛰었다. 마음 속으로 나중에 내가 도울 수 있는 일이 있으면 손가락 하나라도 보태야지 하는 다짐을 했다.

4월 11일 아침, 배는 상하이에 도착했다. 바오산항寶山港의 크루즈터미널이었다. 이 터미널은 20만 톤급 3척, 10만 톤급 1척이 동시에 접안 가능하며 그 모든 승객을 2시간 이내에 입국시킬 수 있다고 자랑하는 동양 최대의 크루즈터미널이다. 시설과 입국 시스템만 놓고 보면 부럽기 짝이 없었다. 하선하는 사람들은 여러 코스 중 하나를 선택해서 다닐 수 있는데 우리 일행은 홍커우구의 루신공원에 가서 윤봉길의사의 상해의거 현장을 참배했다. 마침 3.1운동과 상해임시정부 수립 100주년을 맞이하는 해였다. 이분들과는 점심 식사까지 함께 하고 헤어졌다. 나는 여기서 작별하고 다른 분들은 다시 오션드림호로 돌아가서 일본 나가사키로 계속 항해를 할 예정이었다. 2박 3일, 그것도 나쁜 날씨 때문에 갑판에도 제대로 나가

보지 못하고 배 안에만 머물다 내렸지만 인상적인 여행이었다.

서유럽에서는 이런 크루즈여행이 아주 보편화되어 있다고 한다. 지중해에서 프랑스, 영국, 발트해까지 오가는 1~2주일 일정 상품이 많고 한 달, 두 달, 심지어는 영국에서 남극까지 6개월 이상의 긴 코스를 여행하는 상품도 있다. 내가 십수 년 전 스웨덴의 스톡홀름에서 핀란드의 헬싱키까지 타고 갔던 크루즈급 여객선도 인상적이었다. 내가 탄 배는 6만 톤급의 세레나데호였는데 핀란드 선적이었다. 스웨덴 배는 바이킹라인이라고 해서 웃었던 적이 있다. 오후 5시에 출항해서 다음날 오전 10시 헬싱키에 도착하는 하룻밤 코스였다. 식당도 뷔페와 시푸드 레스토랑이 따로 있고 작은 카지노도 영업을 하고 있었다. 객실료가 꽤 비쌌던 기억이 나지만 북유럽의 살인적인 호텔비와 항공료를 생각하면 아주 경제적인 여행 수단이었다. 그러니 이용객이 많아 이런 대형 여객선을 두 나라가 각각 운항할 수 있지 않겠는가?

싱가포르 이야기

2017년 12월 정기국회를 마치고 나는 싱가포르 출장 길에 나섰다. 한국해양진흥공사 설립을 앞두고 세계 최대의 컨테이너 환적 항구인 싱가포르의 항만 운영과 해양 관련 산업의 현황을 직접 확인하고 싶었다. 싱가포르항은 세계 2위 환적 항구인 부산항의 2배 이상 크기다. 과거 도심에 있던 항구는 폐쇄 후 재개발하고 외곽에 신항을 만들어 계속 확장해 가고 있는 중이다. 파시르판장 부두에 이어 투아스 메가포트 프로젝트를 진행 중이라 상대적으로 확장 속도가 느린 부산과의 격차는 더 벌어질 전망이다. 항만 현장에서 만난 싱가포르항만공사 사장은 겸손하면서도 자신만만했다. 그 자신감은 싱가포르항의 경쟁력에 대한 믿음에서 나오는 것으로 느껴졌다.

우선 싱가포르항은 부산항보다 항만 자체의 경쟁력이 높다. 모든 부두터미널은 싱가포르항만공사가 소유, 직영하고 있어 효율적인 운영이 가능하다. 외국인을 포함, 민간 투자를 받긴 하나 49%까지만 지분을 허용한다. 반면 부산항은 모든 터미널을 민간 기업들이 따로따로 운영하고 있으니 효율적 연계와 협력이 불가능하다. 화물선이 입항했음에도 비어 있는

옆 터미널을 놔두고 대기줄이 긴 특정터미널에 양륙하기 위해 묘박지에서 기다려야 하는 식이다. 부두 구조만 보더라도 싱가포르가 월등 우월하다. 파시르 판장 신항은 매립지에 건설하면서 애초에 '벌린 손가락형' 구조로 만들어졌다. 부두의 양쪽 측면이 모두 선박이 접안하는 안벽으로 이루어져 자동화시스템 등 컨테이너 화물 처리 효율성이 그만큼 증대되었다는 것이다.

또한 싱가포르항은 부산항에 비해 항만연관산업의 규모와 부가가치가 4배 수준으로 훨씬 크다. 이 분야의 선두 주자는 단연 네덜란드의 로테르담항이다. 부산의 6배이다. 넓은 배후단지에서 다양한 산업 생산과 서비스 매출이 이루어진다. 부산항의 배후단지는 130만 평이다. 자유무역지대로 유명한 두바이의 제벨알리항 배후단지는 2,000만 평이다. 내가 만난 싱가포르 해사항만청Maritime and Port Authority: MPA 청장은 자기들 역시 두바이와 비슷한 개념의 자유무역항을 운영하고 있노라 말했다. 유럽의 투자은행인 ABN암로AMRO의 아태지역 센터장은 여러 가지 이점 때문에 자기 회사로서는 싱가포르에 지역본부를 둘 수밖에 없다고 말하기도 했다. 그는 암로가 과거 부산에도 지점을 두었으나 수익성이 떨어져 한국에서 철수했다면서 한국에 좋은 기회가 열린다면 기꺼이 다시 설치할 것이라고 했다.

싱가포르는 작은 거인이다. 인구가 580만 명, 면적이 719 평방킬로미터에 불과하니 작은 나라다. 면적만 놓고 보면 770 평방킬로미터인 부산광역시보다 작다. 하지만 대단한 나라다. 국내총생산은 훨씬 큰 나라인 베트남과 비슷하고 인근 말레이시아보다 많다. 1인당 국민소득도 6만 불 수준이며 구매력 기준으로는 10만 불로 세계 2위다(2020, OECD). 말라카해협의 길목에 자리 잡아 동아시아와 인도, 중동 나아가 유럽을 연결하는 관문이다. 그래서 영국 식민지 시절부터 항만사업으로 번영을 누렸고 20세기 후반부터는 항공교통의 허브 역할을 하기도 한다. 정치적 자유도는 낮지만 경제적 자유도는 세계 최고 수준이다. 그래서 전 세계의 많은 글로벌 기업이 싱가포르를 아시아의 사업 거점으로 삼는다.

싱가포르는 동남아시아 관광의 거점이기도 하다. 인

도네시아, 말레이시아 등 동남아시아 관광지로 향하는 방문객들도 일단 싱가포르에 와서 항공편을 갈아타는 이들이 많다. 그 김에 싱가포르를 하루이틀 둘러보는 경유 관광객도 많을 것임은 두말할 나위 없다. 또 싱가포르는 동남아 크루즈여행의 거점 도시라서 아시아에서 크루즈 기항 편수가 가장 많은 항구이다. 나는 그 이야기를 듣고 싱가포르 당국에 부탁해 크루즈 터미널을 둘러보고 출항 준비 중인 미국 크루즈선에 올라가 본 적도 있다.

싱가포르가 단지 지정학적인 조건만을 무기로 삼는 것은 아니다. 경제적 자유도를 기반으로 금융, 투자산업의 거점 역할을 하기도 한다. 국가 단위에서는 오픈카지노, 암호화폐 발행Initial Coin Offering: ICO 같은 모험사업을 과감하게 허용함으로써 해외 자본의 대규모 투자를 이끌어 내고 있다. 미국 라스베가스의 대형 카지노 운영사 샌즈가 투자한 마리나베이 샌즈호텔은 오픈카지노, 2,500실의 객실, 대형 컨벤션센터, 쇼핑몰, 문화예술박물관 등을 모두 갖춘 복합공간이다. 컨벤션 시설만 해도 서울 코엑스의 3배가 넘는 규모인지라 이 호텔은 아시아 최고의 마이스MICE 호텔로 평가된다. 바로 옆에는 대규모 식물원도 있다. 부산의 북항재개발 지역과 같은 과거의 항만 부지를 일류 국제관광지로 탈바꿈시킨 모범 사례로 손꼽힌다.

또한 싱가포르는 자본산업에 대한 외국인들의 직접 투자 유치에 혈안이다. 나라의 미래가 늘 불안한 싱가포르의 지도자들은 자본이 모이는 곳에 번영이 있다는 원리를 신앙처럼 믿는다. 그래서 앞에서 언급한 것처럼 암호화폐 사업에도 적극적이다. 암호화폐를 발행하면 투자금이 모이기 때문이다. 다른 나라들이 통화와 금융 안정 때문에 소극적인 이 분야에서 싱가포르는 선제적으로 관련 법률을 제정하고 새로운 시장을 만들어 내고 있다. 그리하여 지금 이 나라에는 미래의 유망 투자처를 찾는 세계 각국의 기업과 투자자들이 돈을 싸들고 몰려들고 있다. 이 대열에 현지 법인을 설립한 한국 기업들도 포함되어 있음은 물론이다. 한국에서는 이런 행위가 불법이기 때문이다. 우리 정부도 이런 미래지향적인 사업의 개척기에 더 적극적인 행보를 할 필요가 있다. 부산 블록체인 규제자유특구에서조차 여전히 규제는 강력하다.

HMM
한울호 명명식

2021년 6월 23일, 나는 아내와 함께 울산 현대중공업 조선소를 방문했다. 내가 해수부 장관 재임 중 착수한 해운재건계획의 일환으로 건조 지원했던 컨테이너선 20척 중 마지막으로 진수하는 〈HMM한울호〉의 명명식에 주빈으로 초대받아 간 것이다. 한울호는 16,000TEU급의 배로 세계 해운계의 최대급은 아니지만 아주 큰 대형선에 속한다. 이 컨테이너선 역시 해운동맹 '디 얼라이언스'의 유럽노선에 투입되었고 며칠 뒤인 6월 26일 부산항에서 문재인 대통령 참석 하에 별도의 출항식을 가졌다.

원래 선박 명명식에서는 배의 대모를 맡은 여성이 중요한 역할을 한다. 배의 이름을 명명하고 작은 도끼로 묶어놓은 줄을 끊어주며 샴페인병을 배에 던져 깨뜨리는 등 전통적인 행사가 모두 대모의 역할이다. 난생 처음 그 대모역을 맡은 아내가 행사를 마친 후 자기 남편이 밖에서 활동하면서 영 엉터리로 일하지는 않은 것 같다는 공치사를 해주니 잠시 어깨가 으쓱해졌다.

2018년 9월 현대상선(지금의 HMM)은 세계 최대의 2

만4천TEU급 초대형 컨테이너선 12척을 거제의 대우조선과 삼성조선에 6척씩, 1만6천TEU급 8척은 울산 현대중공업에 나누어 발주했다. 3사 공히 각각 1조 원에 달하는 대량 계약이었다. 공평하게 배분한다는 의미도 있었지만 건조와 인도를 빨리 받기 위한 방법이기도 했다. 결과적으로 이 무렵 극심한 수주난에 시달리던 우리 조선산업에 가뭄의 단비 같은 역할을 했을 것이다. 또한 이 배들은 인도 시점에서 세계 최대급일 뿐만 아니라 가장 연비효율이 높고 친환경규제를 모두 충족시키는 최첨단 컨테이너선들이었다. 한국 조선산업의 기술경쟁력을 보여주면서 동시에 해운사로 하여금 최저 비용으로 장거리운항을 할 수 있게 만드는 신무기였다.

우리 부부는 그 배의 작명에 전혀 관여한 바가 없었는데 공교롭게도 '한울'은 결혼 10년 만에 어렵게 얻은 우리집 외동 아들의 뱃속 태명이었다.

바다의

대기오염

10만 톤급 크루즈선 1척이 배출하는 대기오염의 수치가 수십만 대의 자동차의 그것보다 훨씬 크다는 사실을 사람들이 알고 있을까? 미국 환경보호청에 의하면 크루즈선이 하루 평균 해상에서 배출하는 황산화물은 차량 150만 대 분량이며, 미세 검댕이는 차량 1백만 대 분량을 초과하는 것으로 알려졌다.[1] 독일자연보호협회는 크루즈선 한 척이 하루에 8만4000대 자동차에 해당하는 이산화탄소와 42만1000대의 질소산화물을 배출한다고 주장한다. 대형 선박이 대기오염에 미치는 영향에 대한 경각심을 일깨워 주는 연구자료가 많다. 우리나라 최대의 컨테이너 항구인 부산의 경우 도시 전체에서 선박의 미세먼지 배출량이 도시 배출량 중 37.7%에 달한다는 믿기지 않는 연구결과도 나와 있다.[2] 이나마도 최근 많이 줄어든 결과다. 그래서 각국은 자국 연안을 항해하는 선박에 대

---

[1] 한철환, 〈크루즈선 환경오염 저감방안에 관한 탐색적 연구〉, 해양정책연구 제34권 제2호 p.343~364, 2019.

[2] 해양수산부, 〈항만지역 등 대기질 개선 종합계획〉, 2021. 1.

한 환경규제를 강화해 오고 있다.

미국은 다른 환경문제에 있어서는 타 선진국에 비해 둔감한 편인데 유독 이 문제에서는 가장 강력한 규제를 실시하고 있는 나라다. 미국 환경보호청은 2015년부터 미국 연안 370km 이내 해역을 항해하는 모든 선박에 황산화물 배출 기준 0.1% 미만을 지키도록 강제한다. 어길 시 벌금을 물리는 정책을 실시하고 있다. 유럽에서는 대표적으로 발트해와 북해 그리고 영국해협 해역이 배출규제지역$_{ECA}$이다. 하물며 중국도 이미 자국 내 모든 영해와 내륙 운하에까지 엄격한 배출규제지역을 설정, 운영하고 있다. 대상은 국적불문, 400톤 이상 모든 선박들이다. 역시 국제기준보다 높은 황산화물 0.1% 기준을 적용한다. 이 분야에서는 중국이 우리나라보다 훨씬 민감하고 빠르게 대응하고 있다.

한편 유엔 산하기관인 세계해사기구$_{IMO}$는 2020년부터 전 세계 모든 국제운항선박들에 대해 배출가스 중 황산화물(SOx)의 기준을 3.5%에서 0.5% 이내로 7배나 강화하는 환경규제를 신설하였다. 그리고 2050년까지 선박 배출 온실가스를 2008년 기준 50% 감축하기로 결정하였다. 사실 최근까지 선박연료의 주종이었던 벙커C유는 경유 등에 비해 훨씬 값싸지만 황산화물과 질소산화물(NOx), 이산화탄소 등의 물질을 많이 배출하여 연안 지역의 대기질을 오염시키는 주범이었다. 유엔기구로서는 드물게 강제력을 가진 세계해사기구와 주요 국가들이 선박의 오염물질 배출규제에 적극 나섬으로써 전 세계 해운과 조선산업은 큰 전환점을 맞게 되었다.

각 해운 선사들은 이같은 환경규제에 대응하기 위해 지난 몇 년간 많은 고민을 해 왔다. 저유황유를 사용하는 방법, 배출저감장치(스크러버)를 다는 방법, 그리고 궁극적으로 LNG 추진선박을 확보하는 등이 선택지였다. 각 선사들은 각자의 사정에 따라 다양한 선택을 한다. 저유황유를 사용하는 방법은 별도의 설비 작업 없이 바로 시행할 수 있는 방법이라 특히 배출규제해역을 운항하는 상선들이 당장의 대응책으로 삼아 왔다. 하지만 연료비용이 50% 이상 비싸고 공급의 안정성이 문제가 되므로 장기적인 해법이 되기는 어렵다. 그래서 점차 스크러버를 장치하는 선사들이 많아졌는데 파나시아 등 한국의 관련 기술기업들이 급성장하는 좋은 기회가 되었다.

좀 뒤늦긴 했지만 우리나라도 2020년부터 〈항만지역 등 대기질 개선에 관한 특별법〉이 시행되어 부산, 인천, 여수광양, 울산, 평택당진항의 5개 항만과 그 인근 해역이 배출규제해역으로 지정되었다. 2022년부터는 해당 해역에 진입할 때부터 적용된다. 외국 사례에 맞춰 황산화물 0.1%의 높은 기준을 적용하고 있지만, 꼭 항만 부근이 아니더라도 한려수도해상공원같은 해양관광지역에도 이런 규제가 빨리 적용되어야 한다. 탁 트인 바다에서 멋진 경관과 함께 깨끗한 공기를 만끽하고 싶은 관광객들에게 숨 막히는 선박 매연을 선사한다면 다시 찾을 생각이 나겠는가? 나머지 전체 연안에 대해서도 중국처럼 하루빨리 배출규제를 확대 시행해야 한다.

그리고 현재 국내 항만 일부에만 설치되어 있는 '육상전원공급장치(AMP)'를 확대해 나가야 한다. 이것은 항만에 접안한 배들이 선내 시설 유지를 위해 발전기를 돌림으로써 발생하는 배출가스를 없애기 위해서 육상에서 선박에 전력을 공급하는 장치이다. 손뼉도 마주쳐야 소리가 난다고 육상에서 전력을 받으려면 선박도 수전설비를 갖추어야 되는데 양쪽 모두 많은 비용이 발생하기 때문에 진척이 잘 안 된다. 결국 미국 캘리포니아주(LA항, 롱비치항)처럼 법으로 의무화시켜야 진행이 될 것 같다. 오염방지를 위한 설비이니만큼 여기서 사용되는 전기에 대한 요금은 일반산업용 전기보다 더 저렴한 특별요금으로 책정하는 정책적 배려도 일시적으로나마 필요할 것이다.

한국 선사들은 신규 선박 발주시 스크러버 장착에 머물 것이 아니라 더 나아가 LNG추진선과 같이 질소산화물, 이산화탄소 등의 배출을 최소화하는 친환경선박 건조를 적극 검토해야 한다. 이같은 물질에 대한 국제적 배출규제가 날이 갈수록 강화되고 있기 때문이다. 이미 우리나라 조선소들에서 외국 선사들의 발주에 의한 LNG추진선 건조가 진행 중이지 않은가? 세계의 해운, 조선 강국들은 경쟁적으로 LNG추진선에서 더 나아가 수소, 암모니아 추진 선박에 대한 연구에 박차를 가하고 있다. 국제에너지기구IEA는 2050

년, 전 세계 원양 선박의 40%가 암모니아 추진선[3]이 될 것이라고 예측한 바 있다. 우리 해운사들도 기후 변화에 따른 산업 전환에 적극 나서야 할 때이다.

---

[3] 암모니아(NH_3)는 질소(N_2)와 수소(H_2)의 합성 화합물로 연소 시 이산화탄소 배출이 전혀 없는 청정 대체 연료로 꼽힌다. LPG와 같이 상온에서도 일정 압력을 가하게 되면 액화가 돼 비교적 액화하기 쉬운 가스이다.

4

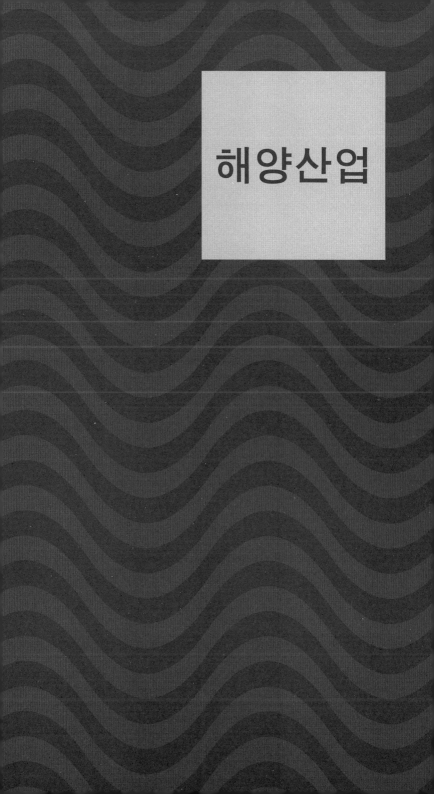

해양산업

수산 이야기

나는 지금도 고등어자반 구이를 보면 옛날 어린 시절 생각이 난다. 과거 어렵던 시절 우리 국민들의 주된 단백질 공급원은 바다 생선이었다. 대표적인 생선이 고등어와 오징어이다. 많이 잡히기도 했고 값도 쌌다. 냉동 운반이 어렵던 옛날에는 소금에 절인 간고등어가 내륙의 산골에서도 귀중한 서민식품으로 소비되었다. 그리고 멸치. 멸치는 특히 자라는 어린아이들의 중요한 칼슘 공급원이었다. 그래서 점심 도시락을 싸들고 학교를 다니던 시절, 멸치볶음은 김치와 함께 값싸고 영양가 있는 단골 반찬 메뉴였다. 고급 수산물은 전부 일본 등으로 수출해 외화를 벌어들이는 주요 수단이었지 우리가 쉽게 먹을 수 있는 식품이 아니었다.

1960~80년대 참치 원양어선의 어획물들도 대부분 수출용이었다. 원양어선을 탄 수많은 선원들은 태평양, 인도양, 심지어 대서양까지 나가서 장기 승선을 하며 외화를 벌어들였다. 우리나라 최초의 원양어선은 1957년에 인도양까지 출어했던 지남호이다. 이 배는 지금 동원그룹의 김재철 명예회장이 수산대학을 졸업한 신참으로 승성한 배였다. 그렇게 먼 이역의

험한 파도와 싸우며 고생한 선원들의 수는 파독 광부들이나 간호사들보다 훨씬 많았다. 불행히도 악천후 같은 불의의 사고로 먼 대양 한가운데서 숨져간 어선원들의 수만 해도 수백 명에 달했다. 지금도 대서양의 라스팔마스 섬과 남태평양의 사모아 섬 등에는 고국으로 돌아오지 못한 한국인 선원들의 묘지가 남아 있다. 부산 영도에는 그런 영령들의 고혼을 기리는 진혼비가 우뚝 서 있다.

근래에는 수산 자원의 감소로 연근해 어획고가 많이 줄었다. 1960~70년대 150만 톤에 달하던 최대 어획고에 비해 최근 몇 년 동안은 100만 톤 미만으로 줄어들었다. 당장 국민 생선 중 하나이던 명태만 해도 이제 우리 바다에서 잡히는 비율은 극히 미미하다. 대부분을 러시아와 미국에서 수입한다. 동태탕은 아직 흔해도 생태탕 먹기는 힘든 세상이 되었다. 과거 1980~90년대 우리나라 호프집에서 가장 흔히 먹던 노가리라는 안주. 그 노가리가 바로 명태 새끼였다. 당시 정부가 수산자원 보호에 대한 인식이 없었기에 있어야 마땅했던 규제도 없었다. 물론 동해안 명태의 절멸이 꼭 치어 남획 때문만은 아니고 수온의 변화

등 딴 요인도 있지만 우리가 그렇게 무지했던 시절도 있었다는 걸 반추하고 싶다.

하도 잡아 귀한 몸이 된 생선으로 또 쥐치가 있다. 이 역시 그 시절 쥐포의 형태로 호프집이나 가정용 술안주로 절찬리에 애용되었던 녀석이다. 어느 날부터인가 쥐치가 우리 바다에서 잘 잡히지 않게 되었고 지금은 저절로 고급생선에 속하는 몸이 되었다. 자기도 원하지 않는 신분 상승이 된 셈이다. 오징어는 많이 잡기도 했지만 바다 수온 상승이 어획량 감소의 주된 요인으로 추정된다. 이런 환경 변화는 우리가 어찌할 수 없는 측면이 있지만 그래도 하나 믿는 구석은 풍부한 멸치의 존재이다.

멸치는 바다 생물의 생태계에서 중요한 위치를 차지하는 물고기다. 플랑크톤과 큰 수산생물 사이의 중간 고리 역할을 한다. 멸치가 많으면 그것을 먹이로 하는 고등어, 오징어, 갑각류 등 덩치 큰 생물의 자원량도 많이 유지될 수 있다. 그런데 우리는 이 중요한 멸치가 흔하다 하여 너무 남획을 해 왔다. 심지어 어린 아이들이 먹기 좋다고 해서 어린 치어까지 볶음 반찬으로 만든다. 이제 멸치 자원의 보호를 위해 민관이 함께 적극 노력해야 할 때이다.

또한 취미로서의 낚시문화 선진화가 필요한 시점이기도 하다. 최근 동호인들이 급격히 늘어나면서 수산자원과 해양환경 보호 차원의 문제 제기가 지속되고 있다. 곳곳에서 어민들과 충돌을 빚기도 한다. 이제 선진국의 낚시문화를 벤치마킹할 때가 되지 않았을까? 성어만 잡되 낚시객 1인당 마릿수 제한이 도입해야 한다. 미국이나 유럽에서 이미 시행하고 있는 제도들이다. 결국 우리의 미래를 위한 자제이다.

원양어업은 과거처럼 수출을 많이 하는 참치, 메로 같은 어종도 있지만 북태평양의 명태나 남태평양의 홍어, 대서양의 오징어처럼 국내 수역에서 고갈된 어종을 잡아오는 수입대체형 어업의 비중이 날로 커지고 있다. 하지만 연안 국가들과 국제기구의 규제 때문에 어획 조건이 점점 까다로워지고 있다. 그렇게 해도 모자라는 수산물 수요는 어쩔 수 없이 수입에 의존한다. 수산물 수입은 소금을 제외하면 연간 160만 톤 정도, 약 60억 달러 규모이다. 수출보다 2배 이

상 많다. 명태, 새우, 오징어, 연어 등의 수입 비중이
크다. 반면 수출은 참치와 김의 비중이 압도적이다.
연간 총 25억 달러 정도를 수출한다.

우리의 식탁은 눈에 잘 보이지 않는 이런 수산업계의
노력이 있어 건강하게 유지되고 있다. 어쩌다 한 번
쯤이라도 늘 바다 한복판에서 파도와 싸우고 있는 수
산인들의 노고를 되새겨 보면 좋겠다.

참치펀드와

양식어업

우리나라에서도 참다랑어가 양식되고 있다는 사실을 아는가? 2018년 6월 하순의 일이다. 나는 양식 참다랑어 출하 행사가 열린다고 해서 통영에서 배로 1시간 거리의 욕지도 현장을 찾았다. 우리나라에서도 아직 초보적인 단계지만 참다랑어 양식에 도전하는 기업들이 몇 있는데 그중 두 곳이 욕지도 앞바다에서 나란히 양식장을 운영하고 있다.

수산물은 과거보다는 비중이 줄었지만 여전히 우리의 주요한 건강 먹거리이다. 그러므로 잡는 어업의 비중이 감소하는 만큼 양식어업의 비중이 점점 더 커질 수밖에 없다. 최근 해조류를 포함한 양식어업의 생산량은 230만 톤 전후를 기록하고 있어 잡는 어업의 2배 이상이다. 그런데 이제는 얕은 바다에서의 양식은 공간적으로나 환경적으로 더 이상 확장할 수 없는 한계가 있으므로 새로운 돌파구가 필요하다. 공간적으로 한계에 도달한 해상 양식은 육지로 올라오거나 아니면 더 수심이 깊은 외해로 나아가는 도전을 할 시점이다.

하지만 이런 방향으로의 확장은 영세한 어민이 하기

힘든 영역이다. 대규모 투자로 첨단 플랜트 양식장을 운영할 수 있는 기업형 양식의 영역이라 생각된다. 기업형으로 접근하는 경우 연안 어민이 다루지 않는 어종을 선택해 마찰을 최소화해야 한다. 그 대표적인 사례가 참치 양식이다. 참치는 원양어업에서 수출을 많이 하지만 국내 소비용으로 수입도 많이 한다. 세계적으로 참치 양식을 많이 하는 나라는 일본이다. 그러나 워낙 소비가 많기 때문에 호주, 멕시코, 지중해 등지로부터 수입도 많이 한다. 그래서 우리가 참치의 경제성 있는 대량 양식에 성공한다면 국내 소비용은 물론이고 가까운 일본과 중국 등지에 수출할 수 있는 길도 활짝 열릴 수 있다.

내가 육지도 현장을 방문했을 때 직경이 30~40m가량 되는 가두리 밖에서 중치 고등어들을 안으로 뿌려주자 참다랑어들이 수면 가까이 올라와서 활발하게 먹이활동을 하는 것을 볼 수 있었다. 무게 30kg 정도의 참치들이 가두리 안을 빙글빙글 힘차게 도는 모습은 다른 양식장에서는 보기 힘든 장관이었다. 이 참치들은 치어를 입식하여 2~3년 키운 성체들인데 시가로 150만 원은 될 것이라 했다. 최근 들으니 몇 년

새 가장 큰 놈은 150kg까지 커졌다고 한다. 일본은 참치 양식장만 300군데가 넘고 배란과 부화를 거쳐 성체로 키우는 완전 양식에도 성공했다고 하는데 우리는 이제 갓 걷기 시작한 셈이다.

욕지도의 2개 회사는 십수 년 전, 참치 양식에 대한 지식과 정보가 제대로 없는 상태에서 오직 열정만으로 출발하여 많은 실패를 거듭한 끝에 이제야 대량 성체 양식에 성공하게 되었다. 그동안 다른 사업에서 번 돈을 여기에 모두 투자하며 버텨온 끝에 얻은 보람이었다. 하지만 이제 힘에 부친다며 정부에서 도와주기를 요청했다. 나는 본부로 돌아와 관계자들과 상의를 시작했다. 금융지원만이라도 해 주면 좋겠다 싶었는데 그걸 위한 선결과제는 보험 가입이었다. 하지만 나라 전체에서 보험에 가입할 사업자가 3개밖에 없으니 양식재해보험을 취급하는 수협마저 난색을 표했다.

가장 큰 애로는 태풍이었다. 몇 년에 한 번씩 찾아오는 큰 태풍을 만나면 양식장이 터져나가 애써 키운 참다랑어들이 모두 망실되는 피해를 보게 된다는 것이었다. 그렇다면 대처 방법은 첫째, 큰 태풍에도 견딜 수 있는 튼튼한 양식장을 만들면 되지 않겠나. 둘째, 매년 그렇게 태풍의 직격탄을 맞는 것은 아니니 너무 욕심부리지 말고 적당한 크기의 성체가 되면 그때그때 출하해서 위험 분산을 하면 되지 않을까. 하여간 보험이 안 된다니 남은 방법은 투자뿐이었다. 그때 생각해 낸 것이 '참치펀드'를 만들어 보자는 아이디어였다.

성체 참치는 고가이므로 충분히 대체투자의 대상이 될 수 있다고 생각한 것이었는데 다행히 BNK금융그룹에서 호응을 해 주었다. 그래서 만들어진 것이 'BNK 참치 전문투자형 사모투자신탁 1호'이다. 양식회사인 남평이 후순위로 10억 원의 자부담 출자를 하고 BNK가 선순위 40억 원을 출자한 것이다. 우리나라에서 수산 생물을 대상으로 한 실물 투자펀드는 이것이 최초이다. 속칭 '참치1호펀드'는 이렇게 고육지책이자 상상력의 산물로 탄생하였다.

한편, 해안 주변의 육상에서는 친환경적 스마트양식 시스템을 도입하기 더 쉬운 장점이 있어 청년이나 기업들이 도전해 볼 가치가 충분하다. 우리가 흔히 먹는 광어나 뱀장어같은 어종은 이미 대부분을 육상 양식장에서 키운다. 동원산업은 최근 2천억 원을 투자하여 강원도 양양의 육상양식단지에서 친환경 연어 양식에 나섰다. 2천억 원의 수입대체효과와 함께 수출 증대도 예상된다고 한다. 사업자가 적은 인력으로 운영할 수 있는 스마트 양식장을 만들고 첨단 양식기술과 철저한 모니터링을 통해 필*환경 양식을 추구한다면 내수와 수출 양면에서 양식산업의 미래는 아주 밝다.

크루즈 관광

내가 싱가포르에서 크루즈 터미널을 방문했을 때 현지 당국의 협조로 올라가 봤던 미국 로열캐리비언 소속의 크루즈선은 14만 톤급의 웅장한 배였다. 말레이시아의 페낭, 태국의 푸켓 등 유명 해양 관광지를 도는 4박5일 투어에 나선다는데 요금을 물어 보니 생각보다 쌌다. 아마 미국 회사가 직영을 하니까 한국의 임대 선박보다는 비용을 대폭 낮출 수 있는 것으로 짐작되었다. 거기서 나는 뜻밖에 한국인 직원의 안내를 받았다. 매년 6천 명 이상의 한국 관광객이 비행기로 날아와 여기서 출발하는 크루즈 관광을 즐긴다는 이야기를 그녀에게서 들었는데 그래서 한국인 담당으로 채용됐다는 것이었다. 여기보다는 숫자가 적겠지만 미국의 크루즈 관광 메카인 마이애미로 가서 카리브해 지역을 크루즈로 즐기는 한국 관광객들도 꽤 있다고 들었다. 부산에서 동네 과일가게를 하는 보통 서민인 내 친구는 아들을 결혼시키고 나서 가게 문을 보름이나 닫아걸고 지중해에서 영국까지 2주간 크루즈 관광을 하고 온 적이 있다. 그러고는 다시 열심히 일한다. 인생을 즐길 줄 아는 진짜 멋쟁이다. 이처럼 한국의 경제 수준으로는 지금보다 훨씬 많은 크루즈 관광객이 있어야 정상이다. 다른 나라들도 국민소득

이 3만 불 이상으로 상승했을 때 크루즈 산업이 폭발적으로 성장한 경험이 있기 때문이기도 하다.

하지만 우리의 현실은 그렇지 못하다. 가장 큰 이유는 역시 바다를 즐기는 해양문화의 부재와 아직도 많이 돌아다니고 많이 봐야 만족하는 우리 관광문화 때문이겠지만, 다른 한편 관련 인프라와 콘텐츠 부족에도 기인한다고 여겨진다. 우리나라에서는 아직 크루즈 모항을 본격 운영해 본 적이 없다. 코로나 사태 이전에 모 관광회사가 이태리 크루즈선을 매년 임차해서 몇 항차씩 운영한 적이 있는데, 그때 해양수산부가 약 100명의 크루즈 관광 체험단을 선착순으로 공개 모집해 비용을 지원해 주는 사업을 실시했다. 해양관광 및 크루즈 여행에 대한 국민들의 관심과 인식을 높이고자 하는 목적이었다. 가히 폭발적인 경쟁률을 기록했던 걸로 기억된다.

이렇듯이 우리 국민들도 크루즈 관광에 대한 관심은 많이 있다. 그런데 우리나라 항구를 모항으로 하는 크루즈 상품이 거의 없고 그나마 있는 상품도 항공편을 이용하는 다른 해외 패키지관광에 비해 고가인 점이 크루즈 관광 저변 확대에 장애 요인으로 작용하는 것이다. 이제 크루즈 터미널은 각 지역이 경쟁적으로 만들어 놓아 부족하나마 어느 정도 수준은 된 것 같다. 여기에 국내 항구를 모항으로 하면서 연안의 명승지들과 가까운 중국, 일본, 러시아, 대만 등을 연결하는 다양한 크루즈 관광 상품을 출시하는 민간 기업들이 나타나야 한다. 그러자면 정부의 정책 지원도 반드시 필요하다. 예를 들면 한국기업이 운항하는 국제크루즈선은 공해상에서조차 내국인 카지노 출입 금지라는 육지의 규제를 그대로 적용한다. 반면 외국 크루즈선에 대해서는 그런 규제를 적용할 수 없다. 적어도 경쟁은 할 수 있도록 형평성을 맞추어 줘야 할 것 아닌가? 몇 년 전 한국해양관광학회의 연구 보고에 따르면 7만 톤급 크루즈선을 국내 모항으로 운영할 경우, 운임수입, 선용품, 관광, 쇼핑 등 직간접 경제효과가 연간 3,000억 원 이상이고 800여명의 고용이 창출되는 것으로 추산됐으니 중견기업 하나를 유치하는 셈이 아닌가?

해
양
레
포
츠

해양레저의 핵심 수단으로 요트와 보트가 있다. 그러나 우리에게 그런 해양레저를 뒷받침할 기본적 인프라가 태부족이다. 우리나라에서도 자기 요트나 보트를 갖고 항해와 해양레저 활동의 즐거움을 누려 보고 싶은 사람들이 늘어나고 있다. 그러나 이들이 요트, 보트를 구입하더라도 배를 정박시켜 놓을 '마리나'가 너무 부족하다. 정부가 오래 전에 계획했던 마리나들도 입지 문제나 민간투자 부족으로 잘 진행이 되질 않고 있다. 우리나라 인구의 절반 이상을 차지하고 소득 수준은 그보다 훨씬 높은 수도권 지역에 제대로 된 규모의 요트 마리나가 고작 두 개밖에 없다는 사실이 우리의 척박한 해양레저 인프라의 현실을 잘 설명해 준다. 1988년 서울올림픽 때 지어진 부산의 수영만 요트 경기장이 아직도 한국 최대의 요트 마리나다.

마리나나 접안 시설이 거의 필요가 없는 해양레저나 스포츠 활동도 인프라 부족에 시달리긴 마찬가지다. 가장 문제가 되는 것은 해양레저 활동을 자유롭게 할 수 있는 해변이 많이 없다는 점이다. 예를 들면 부산의 송정해수욕장은 윈드서핑을 즐기는 사람들에게 좋은 해변으로 손꼽힌다. 우선 기후가 좋아 한여름이 아니라도 사철 서핑을 즐길 수 있는 지역이다. 파도도 적당해 특히 초보자들이 서핑하기 좋은 해변으로 일컬어진다. 그런데 이런 송정보다 강원도 양양의 죽도 해변이 서핑의 메카가 되었다. 부산 송정에서 행해지는 이런저런 규제 때문이다. 여름철에는 지역 군부대의 하계휴양시설이 백사장의 상당 부분을 점유하므로 해양스포츠 구역은 아주 좁게만 허용된다. 반면 양양 죽도해변은 그곳의 파도를 좋아하는 서퍼들이 모여 자연스럽게 이루어진 서핑촌이다. 이런 양양 죽도해변에서 일어난 현상을 지켜보면서 나는 좋은 바다가 있고 규제만 걷어내 주면 해양레저, 스포츠는 저절로 활성화될 수 있으리라는 생각을 했다.

우리나라에서도 크루즈를 비롯한 해양관광뿐 아니라 요트, 보트, 서핑 등의 해양레저 스포츠 붐이 일어날 때가 머지 않았다. 정부나 지방자치단체가 적극 앞장 서서 조건만 만들어 주면 된다. 지금은 코로나 팬데믹이 빨리 끝나기만을 학수고대할 따름이다.

해운재건

5개년

계

획

박근혜 정부 시절인 2017년 2월 한진해운이 최종 파산한 후 무역국가인 대한민국의 원양 컨테이너 선대는 105만 TEU에서 47만 TEU로 반토막난 상태였다. 그해 2017년 6월 16일, 해양수산부 장관에 취임하고 나서 가장 주안점을 둔 작업이 해운재건 사업이었다. 당시 당선되자마자 임기를 개시한 문재인 대통령의 100대 국정과제 안에 "해운, 조선 상생을 통한 해운강국 건설"이 포함돼 있기도 했다. 그러나 대통령인수위 격인 국정기획자문위원회에서 확정한 과제에 구체적인 계획이 적시돼 있지 않으니 우선 재건계획의 구체적인 액션플랜을 짜는 것이 급선무였다.

이 사업을 수행할 실무 책임자 선정부터가 중요했다. 해양수산부에서 해운사업을 책임지는 간부는 해운물류국장이다. 1급 실장 자리는 아니지만 독립 사업국장으로서 이른바 요직에 속하는 직책이다. 내가 장관으로 취임할 당시에는 엄기두 국장이 그 일을 맡고 있었다. 그는 박근혜 정부가 한국 해운사업에 대한 엉터리 구조조정을 결행한 이후에 그 직책을 맡았으므로 전비前非로부터 자유로웠고, 자기 업무에 대한 학습을 열심히 하여 전문가다운 소양을 갖추고 있었다. 무엇보다 그는 윗사람 말이라도 아닌 것은 아니라고 말하는 고집과 배짱의 소유자였다. 그래서 나는 그가 해운 재건의 실무 총책에 적격이라고 판단하여 해운물류 국장에 유임시키고, 내 임기 내내 붙잡아 두고 재건계획의 수립과 집행의 전 과정을 함께했다. 그가 아니었다면 나도 해운재건 계획에 확신을 가질 수 없었을 것이다.

엄기두 국장은 해운물류국의 과장, 실무진들과 황금팀을 만들고 외부 관계 전문가들의 자문을 보태어 멋진 실행계획을 만들어 냈다. 그 핵심은 사업을 수행할 책임기관으로서 '한국선박금융공사'의 설립, '해운재건'을 위한 8조 원 규모의 투자계획이었다. 이 도상계획을 현실로 관철시켜 내는 것이 내 임무였다. 나는 우선 이 두 개의 큰 과제를 분리해서 추진하는 게 성공 가능성을 높이는 일이겠다고 판단했다. 선박금융공사의 설립은 문재인 대통령 선거공약이기도 했으므로 타 부처에서 대놓고 반대하지 못하리라는 계산도 했다. 하지만 문 대통령만 이 공약을 한 것은 아니고, 과거 이명박, 박근혜 두 전직 대통령들도 유사한 공약을 했지만 실행하지 못했던 아픈 전사가 있었다.

정부 내부의 반대

아니나 다를까 기획재정부 등이 반대하고 나섰다. 선박금융공사라는 이름부터가 조선업 직접 지원의 냄새를 심하게 풍기므로 곤란하다는 것이었다. 나는 오히려 잘됐다고 생각하고 이름을 '한국해양진흥공사'로 냉큼 바꾸었다. 선박금융뿐만 아니라 항만, 수산, 해양관광 등 해양산업 전반에 대한 투자와 지원을 할 수 있는 기관으로 만들 수 있겠다는 계산이었다. 한국해양진흥공사법 제정은 예상보다는 약했던 타 부처들의 견제를 돌파하고 그해 12월 정기국회에서 통과되었다(법 시행은 2018. 7. 1.). 국회 상임위 심의과정에서 부칙에 명기된 본사의 부산 설립 조항이 시비거리가 되는 정도였다. 공사의 법정자본금은 5조 원, 설립 자본금은 3조1천억 원이었다. 하지만 준비작업에 들어간 해양진흥공사가 설립되면 수행해야 할 과제인 〈해운재건5개년계획〉은 예상과 달리 마냥 지체되었다. 결정적인 요인은 기재부와 통상교섭본부, 산업은행 등의 반대였다. 김동연 기획재정부 장관 겸 경제부총리는 대통령에게 2주에 한 번씩 독대 보고를 하면서 강한 우려와 반대를 지속적으로 제기했다.

그러면서 나는 나대로 곤란한 상황에 직면했다. 2018년 6월의 부산시장 선거가 다가오고 있었기 때문이다.

부산 지역 언론에 내 출마설이 본격적으로 보도된 것은 2017년 12월부터이다. 기자들이 물어올 때마다, 나는 단호하게 지금의 장관 역할에 충실할 생각이다, 출마생각이 없다,라고 부인했지만 소용이 없었다. 그 것은 시민 사회 일각에 내 출마를 강력하게 희망하는 세력이 존재했기 때문이다. 부산의 개혁 성향 시민들과 민주당원들인 그들은 오거돈 후보로는 부산 시정의 개혁이 불가능하다고 믿었다. 청와대와 당의 일부 인사들도 내가 해수부 장관을 사임하고 부산시장 선거에 나서기를 희망했다. 하지만 당시 해양수산부의 상황은 엄중했다. 세월호 사고 수습이 계속 뜨거운 이슈인 상태에서 12월 3일 인천 영흥도 앞바다의 낚시어선 전복 사고로 15명이 사망하는 비극이 추가로 발생하기도 했다.

무엇보다 내 사임을 가로막은 가장 큰 문제는 해운산업 재건계획 추진의 난항이었다. 이 무렵 해수부 간부들은 내게 선거에 출마하더라도 해운재건 계획만은 통과시켜 주고 나가시라고 요청해 왔다. 내가 없는 상태에서 기재부 등의 반대를 돌파하기 어렵다고 했다. 나로서도 한 부처의 책임을 맡은 장관이 소관 산업의 위기를 외면한 채 부처가 만든 재건계획조차 마무리짓지 않고 선거 때문에 사직한다는 게 참으로 무책임한 일이라는 생각이 들었다. 그래서 나는 이 일을 매듭짓기 전에는 그만두지 않겠노라고 그들에게 약속했다. 내심 나는 기재부 등이 반대하지만 대통령께서 해수부의 손을 들어주셔서 빨리 해결되리라 기대를 하고 있었다. 하지만 2017년 12월초 무렵에 정부에 제출한 계획에 대한 심의가 다음 해 2월이 다 가도록 진척이 되질 않았다. 이미 그 계획을 수행할 기관인 해양진흥공사의 설립도 입법 절차를 끝낸 마당이고, 대통령 국정과제이기도 해서 손쉽게 결판이 날 줄 알았는데 오판이었다. 기재부 등 관계 부처와 기관들이 한사코 반대의 깃발을 들었다. 제일 큰 반대 이유는 경쟁력 없는 해운산업에 8조 원이라는 막대한 자금을 투입하는 것은 밑빠진 독에 물 붓기이고 예산낭비라는 것이었다. 또한 국내 조선소에서 이루어질 신규 선박 발주에 정부 자금이 들어가면 세계무역기구에 제소를 당할 것이라는 우려를 내세우기도 했다. 결국 제조업까지 무역보복의 대상이 되어 국가경제에 부정적 영향을 미칠 것이라는 걱정이었다.

보다 근본적인 문제로 당시 일부 관료와 금융전문가들의 머리 속에 꼭 해운을 국내 선사가 맡아야 하는가, 대형 국적 해운사를 육성하기 위해 막대한 지원을 해야 할 필요가 있는가, 하는 생각이 또아리를 틀고 있었다. 공개적으로 그런 주장을 하는 것은 아니지만 잘 안 풀리는 비공식 협의 과정에서 나는 반복적으로 그들의 그런 의식 상태를 느낄 수 있었다. 우리나라는 무역국가이다. 수출과 수입으로 먹고사는 나라라고 해도 크게 과장이 아닌 나라다. 그런 나라임에도 총 무역량의 불과 30% 정도만을 국적 해운사들이 수송해 온 실정이다. 그런데 그들은 이 마지노선이 무너진 상태에서도 해운 경쟁력만을 탓하고 있는 것이다.

국적 해운사의 비중이 줄어들어 외국사의 비중이 더 지배적인 상황이 되면 중장기적으로 운임 상승은 불을 보듯 뻔한 일이다. 그뿐만 아니라 수요 초과시 선복 배정의 기회가 줄어든다. 그 때문에 생기는 각종 피해는 우리 수출입 화주들에게 돌아간다. 결국 우리 기업들의 수출경쟁력에도 타격이 불가피한 것이다. 해운물류산업에 대한 정책결정자들의 무지는 과거에도 여러 차례 드러난 바 있다. 2009년 금융위기 이후 해운사들로 하여금 200%의 부채비율 상한 기준을 금과옥조처럼 강요한 구조조정 방향이나 2016년의 한진해운 파산 결정이 그 대표적인 사례들이다.

2016년 나는 국회 농림해양수산위원회 위원장으로서 공개적으로 한진해운과 현대상선을 통폐합하여 되살리고 나서 다시 민영화하는 방안을 제안한 적이 있었다. 회의 진행 중에 한 발언이니 국회속기록에도 남아 있을 것이다. 그래야 해운구조조정을 가장 적은 비용으로, 또 가장 효과적으로 이루어 낼 수 있다고 보았기 때문이다. 하지만 박근혜 정부의 정책결정자들은 8월의 청와대 서별관회의에서 한진 폐업, 현대상선 중심의 구조조정을 결정하고 말았다. 당시 해수부 장관마저 배제한 채 이루어진 회의였다. 왜 이런 비경제적인 결정[4]이 내려졌을까? 박근혜 대통령 탄핵국면에서 일부 언론에 정권 실세 최순실의 배후설이 제기된 적도 있었다. 한진의 조양호 회장이 조직위원장을 맡았던 평창동계올림픽 준비 과정에서 최순실에게 찍혀 조직위원장에서도 쫓겨나고 결국 한진해운까지 파산시킨 배경이 되었다는 것이다. 어디까지가 진실인지는 알 수 없는 일이다.

당시 정부는 채권단이 한진해운에 요구한 자구 노력에서 2000억 원이 모자라 정리할 수밖에 없다는 식의 발표를 했는데 이도 납득이 가질 않는 대목이다. 어느 쪽이든 통폐합과 국유기업화는 불가피한 선택이었다. 다만 한진 중심으로 재정비를 했더라면 현대상선 중심보다 국가예산이 훨씬 더 적게 투입되고 국가 경제에 미치는 부정적 영향도 최소화되었을 것이기 때문이다. 눈에 보이는 경제적 손실뿐만 아니라

---

[4] 당시 현대상선은 한진해운의 반밖에 안되는 선복량을 가진 해운사로 1등 기업인 한진해운을 없애버리고 2등 기업으로 구조조정하는 결정이었다. 현대상선도 한진해운과 마찬가지로 계속 적자를 보고 있었다.

주요 터미널 등 글로벌 해운물류의 기반 상실, 인재의 유출, 국가 신뢰도 하락 등 보이지 않는 손실도 컸다. 내가 해수부 장관 취임 이후 방문한 싱가포르, 런던, 로테르담 등지에서 만났던 공공과 민간의 현지 해운항만 전문가들은 이 질문을 꼭 빠뜨리질 않았다. "2016년 한국 정부는 왜 현대가 아니라 한진을 파산시켰는가?", "전 정권의 결정이라 나도 모르겠다, 미스터리다."라고 대답할 수밖에 없었다.

해운재건5개년계획에 대한 대통령의 결제는 2018년 3월 초에 이루어졌다. 대통령의 결심을 얻는 과정에서 청와대 참모들의 도움이 많았다. 부총리의 대통령 보고 내용은 내게 전달되었고, 해수부는 그에 맞춰 대응 논리와 추가 보고를 준비했다. 그런 어려운 과정을 거쳐 마침내 기다리던 결제가 이루어진 것이다. 이후 정부 내부의 절차에 따라 산업경쟁력강화 관계 장관회의와 국무회의를 거쳐 4월 초 범정부계획으로 확정되었다.

해운재건과 맞바꾼 부산시장선거

대통령의 결제가 이루어지자 이제 해수부 장관으로서의 책임을 다했다고 판단한 나는 부산시장 선거 출마 의사를 당과 청와대에 통보했다. 그러나, 그사이에 상황이 많이 바뀌어 있었다. 2월 하순에 안희정 충남도지사 사건이 공개되었고 미투 파문이 끝없이 번져가고 있었다. 그 시점에서 청와대와 당의 핵심부에서는 오거돈 씨를 부산시장 선거 후보로 사실상 내정해 둔 상태였다. 여러 가지 이유가 있었을 것이다. 그럼에도 불구하고 나는 당의 이춘석 사무총장에게 출마 의사를 강력하게 전달했다. 내가 출마를 결심한 이유는 부산시장이라는 자리에 대한 욕심보다는 부산을 확 바꾸어서 살기좋은 도시로 탈바꿈시키고 싶다는 마음 때문이었다. 또한 부산의 많은 시민과 민주당원들이 부산 시정의 개혁을 이룰 적임자로 오거돈 씨가 아니라 나를 지목했고 나는 그들의 요구를 외면할 수 없었다.

당초 오거돈씨는 내가 출마할 경우 자기가 양보하겠

다는 의사를 여러 차례 공개적으로 표명했었다. 만약 그가 그 공언을 지키지 않고 출마를 고집할 경우에도 나는 그와 경선을 치러 이길 자신이 있었다. 그때가 3월 초이고 선거는 6월이었으니 경선을 치를 시간은 충분했다. 현역 국회의원인 내가 출마하면 경선에서 15% 감점을 당하는 당규칙이 있었으나 그것마저 감수하겠다는 의사를 사무총장에게 밝혔다. 당 최고위원회가 감점 면제를 해줄 수 있으나 안 해준다고 해도 개의치 않고 출전하겠다는 각오였다. 그러자 좀 있다 다시 연락해 온 이 총장은 내게 추미애 당 대표의 뜻이라면서 내가 계속 뜻을 꺾지 않으면 내일이라도 오거돈 전략공천을 발표해 버리겠다고 통보했다.

그 통보를 받고서 나는 고뇌했다. 계속 시장선거의 뜻을 굽히지 않으려면 장관직 사표를 제출하고 나서야 할 수 있는데 그게 쉽지 않은 일이었다. 장관이나 공무원은 사표를 낸다고 바로 처리가 되는 것이 아니다. 인사권자의 의지가 있으면 즉시 수리가 될 수도 있겠지만 그렇지 않으면 사직의 결격 사유가 있는지 검증하는 과정이 있다. 몇 주 이상의 시간이 걸릴 수도 있는 법적 절차이다. 그런데 그런 와중에 현직 장관이 당과 청와대의 만류에도 불구하고 출마를 위해 사표를 냈다는 사실이 공개되고, 사직처리는 미루어지고 하는 일들이 벌어진다면 참 난감한 일이었다. 우선 문재인 정부가 콩가루집안처럼 비춰질 것이고 대통령의 리더십도 타격을 받을 수 있었다. 다른 한편 어려운 형편의 해양수산부와 관련 업계에도 큰 혼란과 짐이 될 수 있었다. 그런 문제들을 고민하다가 결국 나는 불출마의사를 당에 통보하고 이 일을 매듭지었다.

그 뒤로 1년을 더 해수부 장관으로 일하다가 국회로 돌아왔는데 부처와 해양수산업계에서는 일을 많이 했다고 과분한 청찬을 들었지만, 부산에서는 해야 할 싸움을 피했다고 비난을 많이 받았다. 심지어 장관 자리를 놓기 싫어서 시장선거를 피한 것 아니냐는 비난도 들었다. 나는 서울 지역구에서 재선 국회의원을 지냈는데 장기 롱런이 쉬운 서울을 버리고 민주당의 험지인 부산으로 옮겨 정치개혁에 도전한 사람이다. 그런 내가 자리에 연연해서 해야 할 싸움을 피하겠는가? 심지어 나는 패배가 뻔히 예상되는 선거라도 명분과 가치가 있으면 도전해서 싸우는 일을 마다하지 않아 왔다. 하지만 이번 일은 사정이 달랐다. 이런 과정의 내막을 세상에 공개할 수도 없어 벙어리 냉가슴 앓는 시간을 몇 년 보낼 수밖에 없었다. 그래서 2021년 봄 부산시장 보궐선거에 출마했을 때 어떤 사람들은 면전에서 2018년 봄 나의 불출마를 비난하는 발언을 퍼붓기도 했다.

산업은행의 반대

다시 해운재건5개년계획으로 돌아가자. 국무회의 통과까지로 모든 게 끝난 줄 알았더니 또 다른 벽이 기다리고 있었다. 이 계획의 골자는 공공자금 5조 원, 민간자금 3조 원을 합하여 총 8조 원 규모의 자금으로 원근해 해운선사들에 대한 선박 신조 지원, 매입 후 재임대 사업 등에 사용한다는 것이다. 그런데 이번에는 정부 출자 이외에 가장 큰 자금을 대줄 산업은행이 문제였다. 산업은행은 기왕에도 만성적자 상태의 현대상선에 운영자금을 지원하는 소방수 역할을 해 왔었다. 심지어 산은은 회사 소유권을 포기한 현대그룹을 대신한 대주주이기도 했다. 그러므로 재건계획 소요자금 지원에서도 산업은행이 주 책임기관이 되는 것이 당연한 수순인데 이를 거부하고 나선 것이다. 실무진으로부터 이 소식을 듣고 나는 서울시내의 어느 호텔에서 산은 이동걸 회장을 만났다. 만나서 듣고 보니 산은의 입장도 이해는 갔다. 이미 대우자동차, 대우조선, 금호그룹 등 부실화된 여러 대기업의 회생을 떠맡아 수조 원 이상의 자금을 쏟아부으며 고생해 왔는데 현대상선이라는 큰 늪에만은 빠지고 싶지 않다는 것이었다. 현대상선은 매년 평균 5천억 원 이상의 적자경영 상태라 유동성 위기를 모면하기 위해 계속 운영자금을 수혈해 오고 있는데 신조新造 투자 자금까지 대라고? 산은 입장에서는 밑빠진 독을 더 크게 키우는 꼴이라는 생각을 할 만했다. 실제 산은에서는 밑빠진 독이라는 말까지 쓰면서 현대상선에 대한 새로운 투자에 거부감을 표시했다. 또 새로 건조한 컨테이너선들이 어떻게 화물을 채워 적자 경영을 만회할 수 있을 것인지 의문을 제기하였다.

사실 외부인들이 보면 당시 우리 해수부의 재건계획은 실현가능성이 의심될 수밖에 없었다. 현대상선만 놓고 보면 약 3조 원의 사업비를 투입해서 총 20척의 컨테이너선을 건조 지원하는 사업이다. 이 중 12척은 세계 초유의 최대규모인 2만4천 TEU급으로, 8척은 1만6천 TEU급으로 건조하는 것이었다. 모두 가장 장거리 운송루트인 유럽노선에 투입할 예정이었다. 이 큰 선박들에 수익이 나는 적재율의 화물을 어떻게 채울 것인가가 숙제였다. 특히 산은 이동걸 회장이 격정했듯이 유럽으로 가는 동아시아의 수출화물은 그럭저럭 수지를 맞추더라도 돌아오는 복항편은 유럽 수출화물이 적으니 적재율이 대폭 떨어지지 않겠느냐는 우려가 현실적이었다. 더욱이 이 노선은 세계 1, 2, 3위 해운선사들인 머스크, MSC, CMA-CGM의 홈그라운드이다.

그 우려에 대한 우리의 대답은 신조선박의 압도적 경쟁력과 적절한 동맹전략의 구사였다. 선박경쟁력이야 출발 조건이라 쳐도 영업의 핵심인 동맹전략은 상대가 있는 일인데 그리 쉽게 될 것인가? 우리한테 실물의 배가 있는 것도 아닌 상태에서 미래계획만 가지고 좋은 조건의 동맹이 쉽사리 성사될 수 있겠는가 등, 제기될 수 있는 의문은 차고 넘쳤다. 여기서 잠시 전 세계 해운동맹에 대해서 짚어 보고 넘어가자. 현 새 사국의 원양 해운회사들은 홀로 생존하지 못한다. 과당경쟁의 회피, 영업수익의 극대화, 나아가 시장지 배력의 강화를 위해 다른 해운회사들과 손잡는 동맹 전략을 적극 구사한다. 동일노선에서 각자의 선박을 공동 이용하기도 한다. 화주의 입장에서도 거래하는 해운사가 든든한 동맹사들을 갖고 있다면 한결 안심 이 될 것이다.

현재 가장 강력한 해운동맹은 '2M'이다. 세계 1위인 덴마크의 머스크~Maersk~와 2위인 스위스 MSC가 손을 잡 은 것이다. 이들은 2010년대 초중반 한국 조선소에서 건조한 최신형의 대형 컨테이너선들과 압도적인 선 복량을 앞세워 운임을 인하하면서 더 작은 해운사들 을 생존경쟁의 벼랑 끝으로 밀어붙였다. 당시 우리나 라 해운회사들도 이런 공세에 견디지 못하고 존폐의 위기까지 내몰린 것이다. 여기에 대항해 3위인 프랑 스의 CMA-CGM, 4위인 중국의 코스코~Cosco~, 대만의 에 버그린이 '오션 얼라이언스'(약칭은 오션)라는 동맹 을 결성했다. 마지막으로 2017년 4월, 독일의 하팍로 이드와 일본의 통합해운사 원(One) 그리고 대만의 양밍이 '디 얼라이언스'(이하 얼라이언스)를 결성함으로써 동맹 경쟁체제가 완성되었다.

정부의 해운재건계획은 원양선대를 복구하는 일을 가장 최우선의 과제로 선정했다. 과거 한진해운, 현대상선의 경쟁력이 추락하면서 유럽, 미주 노선에서 밀려난 일부 상선을 동남아 노선에 투입하여 연근해 선사들과 과당경쟁을 벌임으로써 그들의 경영수지마저 급속히 나빠지고 있었다. 벼랑에서 떨어지면서 밑에 있는 사람들까지 같이 추락하는 도미노 효과였다. 한국 해운산업의 연쇄 붕괴를 막기 위해서는 대형회사들이 다시 힘을 회복하여 원양노선 중심으로 복귀하는 것이 중요한 전환점이었다. 그러자면 다른 글로벌 선사들이 갖고 있지 못하거나 최소한 그에 필적할만한 경쟁력 있는 선박의 보유가 절실했다. 이것이 현대상선에 20척의 최신형 컨테이너선 건조를 지원하기로 결정한 배경이었다.

당시 해운재건계획에서 기획한 이 배들은 세계에서 가장 크거나 가장 효율이 좋고 친환경적인 선박들이다. 마침 유엔 산하기관인 국제해사기구IMO는 2020년

부터 국제운항선박들에 대해 배출가스 기준을 7배나
강화하는 환경규제를 신설한 상황이었다.[5] 그래서 전
세계 선사들이 이에 대한 대응을 어떻게 할까 고심하
기 시작했다. 저유황유를 사용하는 방법, 저감장치인
스크러버를 장착하는 방법, 아예 그런 장치를 내장하
거나 LNG 등 새로운 청정연료를 사용하는 선박을 신
조하는 방법 등을 놓고 저울질을 하는 찰나에 우리가
신조 발주에 나선 것이다. 우리는 환경 기준을 충족
하면서 가장 연비효율이 좋은 경제적인 선박을 건조
할 계획이었다.

그다음 우리는 아직 나오지도 않은 이 최신형 컨테
이너선 20척을 무기로 글로벌 해운동맹에 가입하기
로 작전을 세웠다. 옛날에 고 정주영 회장이 아직 완
성되지도 않은 울산 현대조선소 도면만 들고 그리스

---

[5] 2016년 10월 영국 런던에서 개최된 제70
차 해양환경위원회에서 IMO는 2020년 1월
1일부터 대양을 항해하는 모든 선박들을 대
상으로 선박에서 배출되는 황 함유량을 기존
3.5%에서 0.5%로 규제하는 규제를 시행하기
로 결정했다.

에 찾아가 선박 건조계약을 따냈다는 일화와 비슷한 이야기이기도 하다. 다른 한편 우리의 싸움은 이순신 장군의 명량해전과 비슷했다. 우리는 더 이상 물러날 데가 없는 상황에서 이 20척을 마지막 무기로 배수의 진을 쳤고, 동맹 가입을 울돌목과 같은 대역전의 무대로 선택한 것이다.

산업은행과의 합의와 동맹 가입

나는 다시 산업은행으로 이동걸 회장을 예방했다. 지지부진한 협의를 종결짓는 담판을 위해서였다. 해수부 간부들은 내가 은행으로 찾아가는 것을 반대하였다. 장관이 직접 산업은행을 찾아가는 것은 의전에 맞지 않고 부처의 자존심이 상한다는 의견이었다. 그래서 내가 대답했다. "돈을 주는 쪽이 갑이고 받는 쪽이 을이지요. 을이 갑을 찾아가는 게 당연한 겁니다." 나중에 엄기두 국장이 이 회장을 한 번 더 방문하여 세부 설명을 하기도 했지만, 그날의 방문 자리에서 큰 얼개가 결정되었다. 2020년까지 산은이 현대상선의 주 지원기관, 한국해양진흥공사가 부 지원기관의 역할을 하고 2021년부터는 양 기관의 역할을 바꾼다는 것이 골자였다. 산은은 여전히 현대상선의 미래를 비관하고 있었으므로 한 발을 뺄 수 있는 시간표를 확보하게 된 것이고 해수부는 그 시간 내에 현대상선의 재기 발판을 확고히 마련하겠다는 배수진을 친 것이다.

그다음은 동맹 문제였다. 한진해운 파산 이후 홀로 남은 현대상선은 2017년 3월, 2M과 동맹사가 아니라 선복을 교환하는 준회원 자격의 3년 기한 협력협정을 맺은 상황이었다. 대신 신조발주를 금지하는 굴욕적인 조건이었다. 만약 우리가 신조발주에 착수한다면 중간에 2M이 현대상선을 걷어차더라도 항변할 수 없는 협약인 것이다. 2018년 현대상선이 신조발주 계약을 체결했지만, 다행히 2M은 별다른 조치를 취하지 않았다. 물론 새 선박의 인도는 2M과의 1차 협약이 끝나는 2020년 4월에 시작되니 현대상선으로서는 새로운 미래에 대비하는 노력이라고 말할 수도 있었다. 여하튼 나는 그런 지난 과정이 고맙기도 하여 새 선박들을 앞세운 동맹 가입의 우선 협상 대상으로 2M을 지목하였다. 성실하게 우호적 협상에 임하고 다른 동맹들과 같은 조건이면 2M에 가입하자고 엄기두 국장에게 지시했다. 2M도 현대를 동맹의 정회원으로 받아들이려는 의사는 확실히 있었다. 그러나 이미 대형선들을 보유한 2M으로서는 현대상선의 이런 선박들이 절실하게 필요하지는 않았다. 반면 '얼라이언스'는 선복량 규모가 2M의 절반밖에 되지 않아 몸집을 키울 필요가 있었다. 또 초대형선이 적어 최장거리인 유럽노선의 경쟁력이 취약했다. 그래서 얼라이언스는 2M보다 훨씬 좋은 조건의 동맹 가입을 제안했다. 우리로서는 2M에 대해서도 신의와 성실을 다했으므로 부담없이 '얼라이언스'에 가입을 할 수 있었다. 동맹의 효력은 2020년 4월 1일 개시되었다. 현대상선은 이 날부터 회사 이름을 'HMM'으로 개명하고 새출발을 시작했다.

2020년 4월 23일, 거제도의 대우조선해양 도크에서 해운재건계획의 첫 번째 옥동자가 탄생하였다. 24,000 TEU급 '알 헤시라스'호이다. 문재인 대통령이 직접 명명식에 주빈으로 참석했다. 이 배는 길이만 400m이고 폭은 61m로 갑판의 넓이가 축구장의 4배 크기이다. 높이는 33m가 넘는데 컨테이너를 적재하면 훨씬 높아진다. 한 척당 가격이 1,725억 원에 달하는 비싼 몸이다. 이 배는 4월 25일 첫 출항, 컨테이너 선적량 세계신기록을 세우며 유럽으로 향했는데 돌아올 때도 역시 만선 운항을 하였다. 연이어 대우조선과 삼성조선은 2020년 한 해 동안에만 계획되었던 12척의 동급 선박들을 모두 HMM에 인도했다. 이 배들은 산업은행 회장이 걱정했던 아시아 복항편까지도 대부분 만선으로 운행했다. 동맹 가입의 힘이었다.

절반의 성공

2020년 HMM은 연간 영업이익을 1조 원 가까이 올렸다. 과거 10년간 매년 평균 5천억 원 가량의 적자를 보던 기업이 순식간에 괄목상대의 모습으로 탈바꿈한 것이다. 2021년에는 예상 영업이익이 7조 원 이상, 당기순이익만 4조 원을 기록할 것으로 예상된다. 과거의 누적 결손과 채무를 모두 청산할 수 있는 흑자 규모이다. 2021년 현대중공업에서 건조된 16,000TEU급 8척의 추가 투입에다가 코로나19 특수로 인한 운임의 대폭 상승, 공급망 부족 등의 요인이 겹쳐 발생한 초대형 흑자이다. HMM만큼은 아니지만 미주노선이나 동남아노선에 주력하는 선사들도 실적이 많이 개선되었다. 여기에는 해수부가 해운재건 계획의 일환으로 지원 결정한 국내 선사들의 얼라이언스인 '한국해운연합(KSP)'의 역할도 작용했다. 과거의 중복 노선 조정이 상당 부분 이루어진 데다가 코로나 특수로 연근해노선을 다니던 선박들이 미주노선에 투입되면서 실적 개선에 큰 도움이 됐다.

일각에서는 그저 코로나 특수로 인한 행운이라고 말을 한다. 그러나 만약 우리가 준비되어 있지 않았다면, 20척의 세계 최고 컨테이너선이라는 신무기가 없었다면 어떻게 되었을까? HMM의 부활은 둘째 치고 이 특수한 공급난 상황에서 사상 최대의 실적을 기록하고 있는 우리나라의 수출기업들은 지금의 물류난보다 훨씬 어려운 고통을 겪었을 게 틀림없다. 지금도 우리 국적선이 다니지 않는 노선의 경우 한국 수출기업들이 외국 선사들에게 국적 선사들이 다니는 노선에 비해 비싼 운임을 지불하고 있다. 국적 선사들이 우리 항만을 모항으로 운행하면서 한국의 화물을 우선적으로 싣기도 하고, 나아가 운임 결정의 지렛대 역할도 하고 있는 것이다. 그래서 우리 같은 무역국가로서는 국적 원양선사의 존재가 중요하고 필수적이다.

나와 해양수산부가 모든 것을 걸고 승부했던 '해운재건5개년계획'은 천만다행으로 성공적이다. 그러나 한때 좋은 일이 언제나 좋을 수는 없다. 특히 해운은 경기의 부침에 따라 기복이 심한 산업이다. 몇 번 그런 기복을 거치면서 그로기 상태에 빠진 경험이 있는 우리 해운산업의 실력은 아직도 세계 최고 수준과는 거리가 있다. 그러므로 긴 호흡을 갖고 위기에 강한 해운기업들을 육성하고 해양금융 등 관련 생태계를 만들어 가는 것이 정부와 민간 업계 모두의 다음 과제다.

조
선
　산업과 해양금융

조선산업은 여전히 그리고 앞으로도 우리나라의 중요 산업이다. 노동집약적인 산업이라 직접 고용도 많이 하지만 납품 중소기업을 포함해 많은 관련 일자리들을 창출한다. 그런 우리 조선산업이 한때 저임금을 앞세운 중국과의 수주 경쟁에서 밀려 위기에 처하기도 했다. 일부 중소규모 조선소의 도산에서부터 시작해서 대형 3사까지 경영이 어려워지면서 수만 명의 노동자를 해고하는 어려움을 겪기도 하였다. 하지만 고급 기술이 적용되는 LNG운반선 수주 시장에서 승리하면서 최근 고부가가치 조선에서 세계 1위의 경쟁력과 수주량을 기록하고 있다.

2018년 1월, 새해 첫 현장방문 일정으로 문 대통령을 모시고 거제도의 대우 옥포조선소를 시찰한 적이 있다. 대우조선해양이 수주한 약 5조 원 규모의 쇄빙 LNG운반선 '야말 프로젝트' 현장이었다. 어려움을 겪던 우리 조선산업의 부활을 알리는 상징적인 행사였다고 생각한다. 앞으로도 각종 친환경 신기술 선박과 크루즈선 분야에도 진출해 경쟁력을 차별화한다면 선진국의 무덤이라는 조선산업의 미래도 밝다고 생각한다. 이태리, 프랑스 등도 크루즈선과 고급 여객선의 건조에 있어서는 여전히 독보적인 점유율을 자랑하고 있지 않은가? 이 분야에서 뒤처지지 않기 위해서라도 부단히 연구개발과 엔지니어 육성에 힘써야 한다.

사실 조선산업은 해양수산부의 소관이 아니라 산업통상자원부 담당 영역이다. 해운과 조선이 같이 가야 하고 그래서 조선산업의 소관을 해수부로 옮겨야 한다는 일각의 주장도 있다. 산업부로서는 모든 업종을 다 관리해야 하는 입장이기 때문에 첨단기술 미래선박의 연구와 제조 지원에 집중하지 못하는 한계도 있다. 그런 연구는 오히려 해양수산부 산하 연구기관에서 더 활발히 이루어지고 있는 실정이다. 하지만 한번 구분지워진 업무 경계를 허물기란 쉽지 않은 일이므로 해수부와 산업부가 잘 협력해서 조선산업의 경쟁력을 높여가는 노력을 함께 경주하는 것이 좋겠다. 물론 조선기업 스스로 연구개발을 게을리하지 않고, 효율적인 영업과 재무관리에 힘쓰는 게 가장 중요하다.

다자간 협력의 중요한 요소로는 해운과 조선만이 아

니라 은행과 대형 화주들의 역할도 크다. 일본의 예를 보면 금융기관을 중심으로 해운사와 화주들이 파트너십을 형성하여 장기계약을 담보로 배를 발주하는데 금융기관에서 대출 지원을 한다. 보통 자국 조선소에서 배를 건조하는데 어떤 경우 조선소가 투자금 일부를 분담하기도 한다. 우리도 그런 다자간 상생 모델을 모색한다면 우선 산업부와 국책 금융기관들의 역할이 중요할 것이나 차후에는 민간금융기업들이 일정 정도 그 역할을 맡아줘야 할 것이다. 지금은 거의 전적으로 국책 아니면 해외에 맡겨져 있는 해양금융 부문에 대한 민간업계 진출을 적극 검토해야 할 시점에 와 있다. 우리나라 금융산업의 선진화를 위해서도 꼭 필요한 화두라고 생각한다.

해양산업에
　　　미래가 있을까

2021년 11월의 어느 날 밤 10시, 나는 삼천포항에서 제주로 가는 오션비스타 호에 승선했다. 나의 애마도 화물칸에 함께 탔다. 배 운임은 사람보다 차 몸값이 더 비싸다. 연안해운사업은 사실 여객보다는 화물 운송으로 채산성을 맞춘다. 제주만 하더라도 대부분의 방문객들은 항공을 이용하고 여객선 이용자 비중은 극히 적다. 그래서 코로나19로 여행객이 급감했을 때에도 선사는 결정적인 타격을 받지 않았다. 해외 무역도 그랬지만 제주도와 육지 사이의 화물 운송 수요는 꾸준히 유지되었기 때문이다.

여객운송도 서비스만 제대로 갖춰진다면 항공과 충분히 경쟁할 수 있는 장점이 있다. 육지에서 제주도를 갈 때 여객선에서 편안하게 하룻밤을 보내고 아침에 도착하게 되면 호텔비를 절약할 수 있다. 차를 실어 가면 공항에서 렌트카를 픽업하는 번거로운 과정도 생략할 수 있다. 성수기 렌트카 비용도 만만찮으니 3일 이상 체류한다면 이게 더 경제적이다. 실제 나도 지난 여행에서 아침 일찍 제주항에 도착해 실어간 승용차로 바로 길을 나서니 하루를 꼬박 제주투어에 쓸 수 있었다.

과거 우리나라 해운업계는 세월호 사례에서 보듯 주로 일본에서 중고선을 매입하여 중국에서 개조, 수리한 배들을 운항하는 경우가 많았다. 해양수산부의 '연안여객선현대화펀드'는 그런 중고선 투입을 지양하고 보다 안전하고 성능 좋은 여객선을 국내 조선소에서 건조하려는 목적에서 시작된 지원정책이다. 내가 탔던 배도 이 펀드의 지원을 받아 건조된 2만 톤급 카페리선이다. 건조 가액만 500억 원이 넘는 대형선이다. 현대화펀드는 선박건조대금의 30%를 무이자로 15년 동안 융자해 주는데, 선주는 산업은행 등에서 추가로 저리 융자를 받을 수 있다.

문제는 우리나라 선박금융이 대부분 이런 국책 금융에 의존하고 있다는 것이다. 연간 무역액이 1조2천억 달러를 넘고 국가총생산이 세계 10위 권 이내를 기록하는 나라에서 아직 민간 주도의 선박금융이 거의 존재하지 않는다는 것은 창피한 일이다. 미국, 유럽, 싱가포르 등과 비교해 보면 우리 해양 산업의 이런 후진성은 명확해진다. 일본은 영리한 조합주의 모델이다. 민간금융기관을 중심으로 화주, 선주사, 해운사, 조선소들이 협력해 선박을 건조하고 운영한다. 어쨌든 민간 선박금융시스템이다.

해양산업은 그 범위가 꽤 광범위하지만 관련 비즈니스의 출발점인 선박과 항만등 핵심 부분은 금융을 빼놓고서 존재할 수 없다. 투자의 기본 단위가 커서 사업자 혼자의 힘만으로 조달할 수 있는 규모가 아니기 때문이다. 항만 비즈니스를 보면 해양금융의 역할을 잘 이해할 수 있다. 부산진해신항의 경우 가장 큰 터미널 운영사는 두바이항만공사와 싱가포르항만공사다. 그들은 자기 나라의 국부펀드나 민간금융사의 재무적 투자를 업고서 부산항의 장기 운영권 입찰을 따냈다. 그 두 회사는 자기 나라 부두 운영은 물론이고 전 세계에 30~40군데의 터미널을 운영하는 글로벌 기업으로서 50% 내외의 엄청난 영업이익률을 기록하고 있다.

반면 부산항만공사는 부산항 모든 부두의 운영에서조차 배제되어 있다. 꼭 공사가 아니더라도 우리나라 부두 운영사가 자국의 알짜배기 항만 운영에서 뒤쪽으로 밀려나 있는 이유는 과거 정부의 정책 실패와 함께 민간자본이 항만 투자사업에 눈뜨지 못했기 때문이다. 항만사업은 국내외를 막론하고 좋은 입지를 고를 수 있는 물류 안목만 있으면 한 번 투자로 20~30년 꾸준히 장기적 수익을 창출할 수 있는 좋은 자본사업이다. 공공자금과 민간자본 모두 수익을 보장하는 투자대상이 절실한 한국과 같은 나라에 딱 맞는 사업인 것이다. 싱가포르나 두바이처럼 부두운영사와 투자기관이 결합하여 국내 및 해외의 유망 항만 개발이나 운영권 투자에 나서는 것이 우리나라 미래 해양산업의 한 모델이 되어야 한다.

이제 우리도 한국적 해양금융 시스템을 구축할 때가 왔다. 다만 투자금융 시장 당사자들이 과거 선박펀드나 보증사업의 실패 경험 때문에 겁먹고 움츠러든다는 게 문제다. 해운회사들도 오랜 불황기의 충격에서 벗어난 지 채 얼마 되지 않아 조심스럽다. 독자적인 선주사업은 거의 걸음마 상태다. 그래서 생각해 보는 하나의 대안은 '블록체인 기반의 투자 플랫폼'을 만드는 것이다. 그 플랫폼을 통해 선박이나 해양자산의 거래가 투명하게 중개되고, 나아가 큰 투자기관이나 제한적인 사모펀드 만이 아니라 개미들도 투자에 나설 수 있는 사업모델이 개발되면 좋겠다.

미래지향적 사업모델 중 하나는 해양 실물자산에 기초한 증권형 토큰 발행Security Token Offering 이다. 이미 부동산에 적용되고 있듯이 선박이나 항만 같은 유형자산을 유동화하는 것이다. 단, 이 경우 해운회사나 항만 운영사의 전문성과 적극 결합해야만 장기적인 상품 운용과 수익 창출이 가능할 것이다. 크루즈선의 객실이나 컨테이너선의 선복량 일부를 장기계약해서 유동화하는 일도 생각해 볼 수 있다. 이외에도 상상력을 발휘하기에 따라 다양한 상품의 출시가 가능하다. 이런 일들이 현실화될 때 비로소 우리나라 해양산업도 후진성을 벗어나 한 차원 더 높은 도약이 이루어질 수 있다고 나는 믿는다. 대한민국은 해양국가이다.

바다의 발견

김영춘의 해양국가 이야기

발행일 | 2022년 2월 15일 1판 1쇄

지은이 | 김영춘
편집 | 마담쿠, 코디정
디자인 | 정우성
마케팅 | 우섬결

펴낸곳 | 이소노미아
　　　　서울시 종로구 율곡로 2길7 서머셋팰리스 303호
　　　　T | 010 2607 5523　　F | 02-568-2502
　　　　Contact | h.ku@isonomiabook.com
펴낸이 | 구명진

ISBN 979-11-90844-18-5 (03300)